闲说历史文化

梁骁菲 著

线装书局

图书在版编目（CIP）数据

闲说历史文化 / 梁骁菲著 . — 北京 : 线装书局，2017.8
ISBN 978-7-5120-2859-3

Ⅰ . ①闲… Ⅱ . ①梁… Ⅲ . ①散文集—中国—当代
Ⅳ . ① I267

中国版本图书馆 CIP 数据核字（2017）第 223164 号

闲说历史文化

作　　者：梁骁菲
责任编辑：宁　静
执行编辑：汤炎忠
校　　对：江秀昌　罗燕燕
插　　图：吴显晶　方俊玉
策划出版：广州市青年作家协会
装帧设计：广州市轩轩文化传播有限公司
出版发行：线装書局
　　地　　址：北京市西城区鼓楼西大街 41 号（100009）
　　电　　话：010-64045283（发行部）　64045583（总编室）
　　网　　址：www.zgxzsj.com
经　　销：新华书店
印　　制：北京市通州兴龙印刷厂
开　　本：889mm × 1194mm　1/32
印　　张：5
字　　数：87 千字
版　　次：2017 年 8 月第 1 版第 1 次印刷
印　　数：0001-1000 册

线装书局官方微信

定　　价：38.00 元

我的梦想，是传播中华传统文化……

——梁骁菲

自序

为什么喜欢传统文化?

一个90后，不是应该喜欢新鲜的事物吗？为什么会喜欢古老的东西？或许，90后的身上被张贴了很多现代的标签，然而我就是喜欢古老的、传统的、有意思的、有意义的东西。

我的梦想，是传播中华传统文化……十三年前，当我尚要应对沉重的升学考试时，我就已经暗自许下了这样的愿望。

读理工、外文学科的人比读文史学科的人更有出路，更能谋生计。“学历史是没有用的”，在我挣扎着挤进重点大学历史系以后，很多朋友都和我说过类似的“肺腑之言”。“身为炎黄子孙，喜爱并学习自己的历史文化，是理所当然的”，每次面对这类疑问，我总是这样回答。

黄皮肤、黑头发，为什么我们不热爱自己的文化？硕士毕业后，我在香港曾经做过中文补习老师。某某同学说国语，某某同学说粤语，某某同学说英文……上课前，我都会先了解学生的基本信息。但是，后来我竟惊讶地发现，说英文的某某同学，其实是中国人，他们在国际学校念书，平时用英文交流，家长送他们来，就是想学点中文。自己的语言，自己却不会说。“在我的课堂上，请不要说英文”，每当我面对这类学生时，都会郑重其事地一再强调。

中华传统文化，是我们自己的文化，我们应该喜欢它，学习它，传承它，这是很简单的逻辑道理。年轻人，在文化的传承中扮演着重要的角色，如果年轻人不学、不懂传统文化，就谈不上传承。在传承的同时，还要给传统文化注入新鲜的血液……

传统文化对人的影响主要体现在精神层面上，腹有诗书气自华，喜欢传统文化的人，身上都会散发出一种独特的气质，看问题也会多一种思考的角度。然而，传统文化博大精深，并非一朝一夕能够完全理解，需要用一辈子的时间来学习和领悟，而且重在实践，正所谓“学而时习之”。

我在工作之余，依然不断学习、不断阅读、不断思考、不断写作。《闲说历史文化》大多数篇目是我以过去的论文、上课的笔记和现在的读书心得为素材写作而成的，还有一些篇目是从历史文化的角度叙说身边的事情，旨在面向大众，普及一些有意思并且有意义的传统文化知识。这是我的第一册文集，分为琴棋书画、衣食住行、词语故事、民国印象、史海泛舟、文海拾贝六个栏目，日后会继续出版续集，希望大家喜欢，也欢迎提出宝贵的意见和建议。

目录

第一辑　琴棋书画

第二辑　衣食住行

第三辑　词语故事

第四辑　民国印象

第五辑　史海泛舟

第六辑　文海拾贝

第一辑

琴棋书画

古琴没有琴谱?

古琴，距今已有两千多到三千年的历史了，一直位居“琴棋书画”四艺之首。孔子整理弦歌，蔡邕、蔡文姬父女以焦尾琴和《胡笳十八拍》闻世，嵇康因《广陵散》而不朽，宋徽宗设置“万琴堂”贮藏名琴，各大流派在明清时期相继形成。

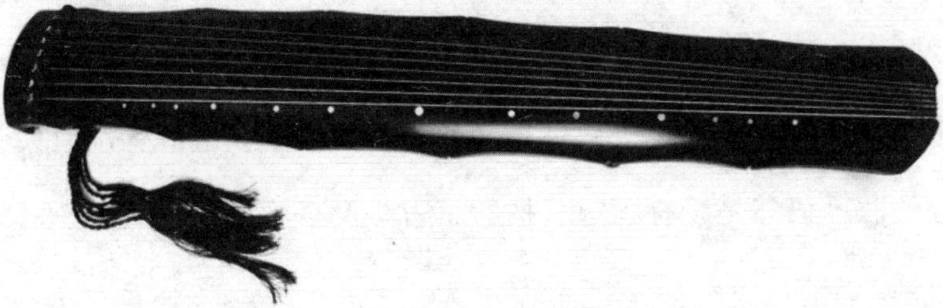

到了二十世纪，古琴遭到西方音乐的冲击，钢琴成为年轻人琴棋书画四艺之首。但同一时期的西方人，却欣赏中国古琴艺术的独特魅力，1977 年，伯牙的琴曲跟随巴赫、贝多芬的音乐，坐上美国航行者探测器，飞向太空。

2003年，中国的古琴艺术被列入联合国非物质文化遗产名录，2008年，“太古遗音”在北京奥运会上亮相，古琴一下子又“热”了起来。很多初学者开始接触古琴时，听说古琴没有琴谱，不由得吓了一跳，没有琴谱，怎么弹琴呢？

最早的琴谱，是南朝梁末丘明所记的《碣石调·幽兰》，记载在唐人手抄的卷子上，用文字记述古琴弹奏的指法、弦序和音位，称为“文字谱”。后来，由于文字谱过于繁复，使用不便，经过唐代琴家曹柔的简化，发展成为“减字谱”。

有人说，减字谱像天书一样，看不懂。其实，减字谱由汉字拆减笔画组合而成，是有规律可循的，会认字的人，在老师的指导下很快就可以学会辨认基本的减字谱了。这种琴谱不像五线谱，它没有注明每个音的长度，是以弹琴时的手法明确音高和音位。尽管清代有人以工尺谱记录古琴曲谱，增加了板眼节奏，但大部分的曲谱仍然是没有固定节拍的。古琴没有琴谱的说法，便由此而来。

古琴的琴谱没有限定每个音符的时间，给予了每个弹奏者即兴发挥的空间，如同国画中的留白，体现了虚实相生的概念，每个具体的音是“实”，而音的长度则是“虚”。

余音绕梁，三日不绝

古琴，是中国最古老的弹拨乐器之一，很多古琴都有优美的名字和神奇的传说。齐桓公的“号钟”、楚庄王的“绕梁”、司马相如的“绿绮”和蔡邕的“焦尾”，被誉为“中国古代四大名琴”。

“号钟”，声音响亮，相传俞伯牙曾经弹奏过此琴，春秋时期传到齐桓公的手中。齐桓公精通音律，尤其喜爱“号钟”，常弹奏此琴和牛角声相呼应。

“绕梁”，是华元赠送给春秋霸主楚庄王的古琴。楚庄王得琴后，成日弹琴作乐，不理朝政。樊姬用夏桀、商纣沉迷音声而亡国的故事进谏楚庄王，于是，为了江山社稷，楚庄王砸碎了“绕梁”琴。“绕梁”得名于韩国女子韩娥的故事，相传韩娥的歌声美妙动听，在齐国雍门卖唱时，余音绕梁，三日不绝，让路人久久不舍离去。

“绿绮”，是西汉时梁王赠送给辞赋家司马相如的古琴。在一次宴席上，司马相如用此琴弹奏一曲《凤求凰》，追求卓文君，卓文君连夜跟随司马相如私奔。相传，晚年司马相如移情别恋，写了一首没有“亿”字的数字诗给卓文君，表示自己已不再思念卓文君，卓文君亦以数字回复了一首《怨郎诗》，哀怨万千，终使司马相如回心转意。

“焦尾”，是东汉文学家蔡邕的古琴。蔡邕遭人陷害，逃亡江海、远迹吴地时，曾在大火中取出一段尚未烧完、声音异常的梧桐木，并依据此木制成七弦琴，因琴尾有焦痕，故取名“焦尾”。其女蔡文姬才华横溢，谱写出一曲《胡笳十八拍》，尽诉平生坎坷的遭遇。明朝时，相传昆山道士王逢年收藏有“焦尾”琴，可惜后来失传了。

围棋起源于远古的战争?

“博弈”一词，有竞争、较量的意思，实际上，“博”和“弈”，是两种不同的棋类游戏。“博”是六博，掷骰行棋，黑白双方各用一枭（帅）五散（卒）共六枚棋子对阵，依据骰子所掷的点数而确定行棋的步数，以杀枭的先后决定胜负，是象棋的前身。“弈”是围空吃棋，黑白双方交替落子，互相围攻，一边扩展自己的领地，一边抢占对方的领地，以所得领地的多少决定胜负，这就是围棋。

围棋，古时称之为“弈”。西汉扬雄在《方言》中说道，“围棋谓之弈，自关而东，齐鲁之间，皆谓之弈”。关，是战国时秦国设置的函谷关。齐鲁，是战国时的齐国和鲁国，在现今山东一带。“自关而东，齐鲁之间”，指的是黄河流域的中原及中原以东的地区。

相传围棋的发明者是尧舜。战国史官所撰的《世本·作篇》中载，“尧作围棋”，“尧造围棋，丹朱善之”。东晋时期张华在《博物志》中也指出，“尧造围棋，以教子丹朱。或云：舜以子商均愚，故作围棋以教之”。当然，除了尧舜创始说之外，还有乌曹创始说、战国创始说和容成公创始说等说法。

尧舜距今已有4000多年的历史了，当时处于原始社会的末期，部落联盟内部实行军事民主制。围棋的所有棋子一律平等，没有军衔军阶，没有帝、后、将、帅、兵、卒的等级差别，没有“马走日，象飞田，车行直路，炮打隔山”的规则，这和原始社会的战争形态是相符的。

原始社会的战争，是为了争夺生存空间而进行的部落兼并战争，兼并完成后，人口、资源、土地都会获得快速的扩张，兼并得越多，部落的力量就越强大。围棋的理念也与之相似，其宗旨不在于杀地吃子，而在于圈地求活，高明的棋手懂得关注大局，为保其领地，宁可与对方共存活。

正如东汉马融在《围棋赋》中所说，“略观围棋兮法于用兵，三尺之局兮为战斗场”。可见，围棋的发明，与原始战争有着颇大的渊源。

临摹＝照着描？

临摹字帖是学习书法的必经之路，也是行之有效的好方法。临摹字帖，是不是就是简单地照着描就可以了呢？

首先，要挑选合适的字帖。挑选一本自己喜欢的、点画比较工整的、结构比较匀称的字帖来临摹。尽量挑选字体小一些的字帖，这样可以省去缩小的功夫。

其次，要先摹后临、临摹结合。所谓摹，是把字帖放在透明的练习纸下，用笔照着字帖上的字一笔一画地描红，久而久之，就能学到字帖上的字的结构。所谓临，是把字帖放在练字纸旁，照着字帖上的字依样画葫芦，笔画要写得相像，有轻重和粗细的变化，久而久之，就能学到字帖上的字的笔意。临比摹要难，所以要先摹后临，循序渐进。

再次，临摹前要仔细读贴。字帖上的字，点画如何书写，结构如何安排，章法如何布置，都要仔细琢磨并从中找出规律，这样就会容易写得像，写得好。切勿贪多求快，每天坚持一两个小时，反复临摹几个字，才会有真正的收获。对于难度较高的字，要多临摹，多比较。

最后，要会背、核和用。背，是不看贴也能把贴上的字写出来，做到形神兼备。核，是把背着写出来的字和帖子上的字进行核对，看有无差错，从而发现自己的不足，不断修正。用，是实践，在实践中巩固和提高学到的东西。

古人认为，“临书得其笔意，摹书得其间架”。临摹要以名家字帖为模板，如欧阳询、虞世南、颜真卿、柳公权等人的字帖，都各有特色。而且，临摹要从一而终，先把一本字帖写上一年再考虑是否更换其他的字帖，博采各家所长。

你认识这些古老的文字吗？

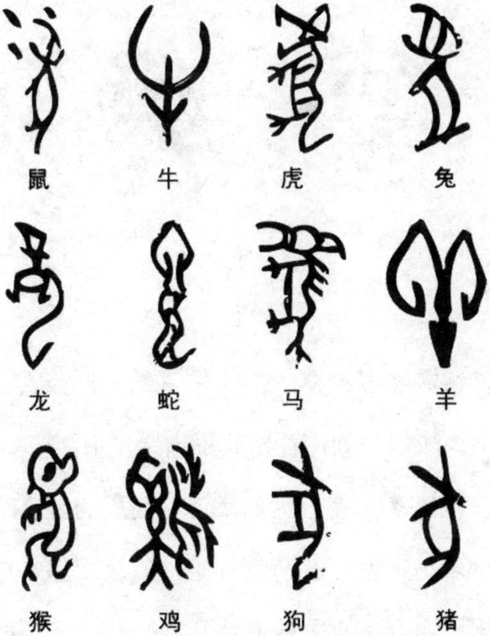

甲骨文

甲骨文，在商周时期已经是十分成熟的文字了，因其刻写在龟甲、兽骨上而得名，记录的多是当时占卜的内容，所以又称为卜辞。甲骨文大多用尖锐的工具刻写而成，也有用类似毛笔写的墨书或朱书文字。在坚硬的龟甲兽骨上刻写文字，瘦硬方直，线条无论粗细，都苍劲有力。不同时期的甲骨文，在书写风格上有着明显的差异，有的雄伟，有的纤细，有的粗犷，这是给甲骨文断代的重要依据之一。

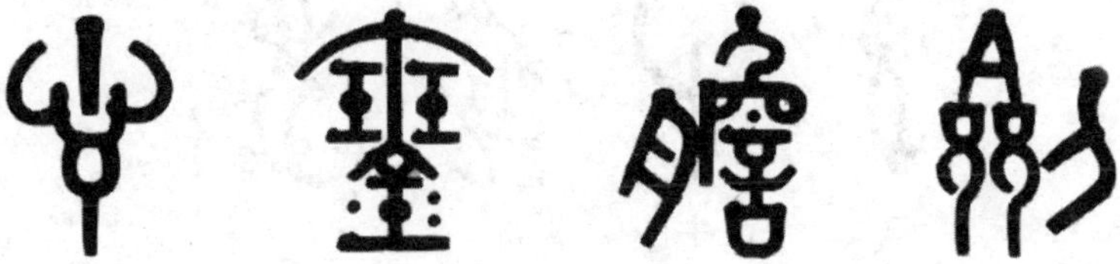

心　琴　胆　剑

金文

金文，是铸刻在青铜器上的文字，又叫钟鼎文。商代的金文与甲骨文有不少相似之处，首尾尖锐出锋，中间肥厚，直线较多，圆转较少，行款错落参差，气象雄奇。西周的金文最具代表性，可分为三个阶段。早期行款渐趋齐整，气度宏伟。中期笔画均匀圆润，文字规整，有了较大的简化和线条化。到了晚期，金文发展到了高峰，呈现出多姿多彩的局面。

春秋末年和战国时期，齐、晋、秦、楚等国的金文最具特色，带有浓厚的地域色彩。晋国出现了尖头肥腹的笔形，近似于蝌蚪文。南方江淮一带的吴、越、蔡、楚等国的文字，有的笔画多加曲折，有的用鸟形和点子作为装饰，近似于图案，多见于兵器上，这就是所谓的鸟书。这一时期的金文显得清新秀丽，行笔很长，线条粗细划一。

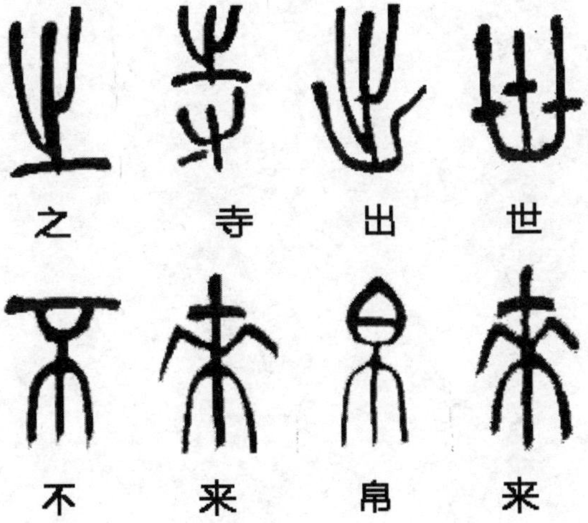

石鼓文

石鼓文，将文字刻在十个鼓形的石头上，是迄今为止我国发现的最早的石刻文字，被誉为石刻之祖。石鼓在唐代出土于天兴三畤原，共 10 只，高 90 厘米，直径约 60 厘米，花岗石质，圆顶平底，每鼓分别以籀文刻四言诗一首。由于年代久远，目前石鼓上的文字多已剥落，有的石鼓已一字无存。石鼓文方正丰厚，藏锋起止，圆融匀称，集大篆之大成，开小篆之先河，有着承前启后的作用。这种文字被历代书法家视为学习篆书的重要范本，被誉为书家第一法则，在清代，不少著名的篆书家都是从石鼓文中受到启发，从而形成自家的风格。

五德之鸡

在传统文化中，“鸡”承载着吉祥的寓意。早在汉代，韩婴在《韩诗外传》中，就提出了“鸡有五德”的说法，即文、武、勇、仁、信。头戴冠者，称之为“文”；足傅距者，称之为“武”；敌在前而敢斗者，称之为“勇”；见食相呼者，称之为“仁”；守夜不失时者，称之为“信”。若人能具备此“五德”，便是完人了。

“鸡”寄托着人们的美好愿望，又与“吉”谐音，有“大吉”、“吉祥”之义，所以，“鸡”是历来绘画的重要题材。从宋代开始，就有以“鸡”为主题的绘画流传于世。南宋时期，李迪的《鸡雏待饲图》，画了两只仰头相望的鸡雏，画法工整细致，极具宋代院体画的典型风格。到了清代，乾隆皇帝在此画的对开裱边中题诗，使整幅画的意境得到升华，“双雏如仰望，其母竟何之。未解承场啄，谁怜空腹饥。展图一系矩，触目切深思。灾壤民待哺，慎哉群有司”。由两只孤独的鸡雏想到离开母亲之后饥肠辘辘的小鸡，进而联想到待哺的灾民，身处庙堂之高而怀江湖之思，是乾隆皇帝民本思想的体现。

鸡的“五德”，在明清画家的笔下，表现得淋漓尽致。最为众画家所青睐的，是“五德”之首——文（升官）。早在明代“吴门画派”的代表人物沈周的笔下，就画有《加冠图》，一只大公鸡和鸡冠花，是为“加冠（官）”，寓意着升官，画面传递的信息简洁明了，可惜该画现在已经看不到了。清初的恽寿平画有《仿沈周加冠图》，一只肥硕的大公鸡站在草地上，旁边有鸡冠花和寿石、兰竹，题诗云：“锦石丛花绛帻明，五云长向彩毫生。凤皇楼下朝天客，立马先听第一声”。清代中期“扬州画派”的李鳝也画有《加冠图》，题词曰：“昔人画德禽于罗波奢下，名曰加官图，所以颂士大夫者，至矣。虽有五德，士夫致贵显，好是懿德与不负画家期许之意焉耳”。

动静相宜：罗汉图

弘一法师，俗名李叔同，出生于天津官宦富商之家，曾担任过教师、编辑，后剃度为僧，法名演音，号弘一，晚号晚晴老人。弘一法师一生严守律宗戒律，悲天悯人，著书说法，是近世佛教界倍受尊敬的律宗大师，也是国内外佛教界著名的高僧。

在中国近百年文化发展的历史中，弘一法师是学术界公认的通才和奇才，诗文、词曲、话剧、绘画、书法、篆刻无所不能。在绘画艺术上，弘一法师是中国油画的鼻祖，是最早在中国介绍西洋画知识的人，同时，又十分重视中国传统绘画理论和技法，将西洋画与中国传统美术融为一体。弘一法师与弟子丰子恺先生合作的《护生画集》，诗画合璧，图文并茂，为世人所称道。

弘一法师绘制的罗汉图，在笔墨上看起来轻松自然，既空灵安静，又生动多姿。不管是穿针引线，还是闲散无事，每一个罗汉都有自己不同的姿态和神情，从中可见弘一法师慈悲平等的菩萨觉地。

罗汉图

罗汉，是阿罗汉的简称，罗汉者皆六根清净，已断无明烦恼，已了脱生死，证入涅盘，堪受天人尊敬和供养。他们在寿命未尽前，仍住世间，梵行少欲，戒德清净，随缘教化度众。在大乘佛教中，罗汉低于佛、菩萨，寺院中常有十六罗汉、十八罗汉和五百罗汉。罗汉像因无经典仪轨的依据，随着各代艺术家的创作，表现出不同的神韵，通常是剃发出家的比丘形像，身着僧衣，简朴清净，姿态不拘，随意自在，反映现实中清修梵行，睿智安详的高僧。民间流传着一种说法，每个人都可以在成组的罗汉像中，找到和自己相貌神态相似的罗汉。

揣在袖子里的美

扇面书画，是中国书画艺术的一种形式，把扇子的实用功能和书画的观赏功能结合起来，既能把玩，又能增添雅趣。

折扇

宋元以前，人们在圆形和椭圆形的纨扇上写字画画。到了明清时期，随着折扇的制作越来越精致，并配以扇袋、扇坠和扇盒等，折扇扇面便成了一种独特的艺术媒介，书画家纷纷在扇面上挥毫作画。扇面书画、扇骨雕琢，集器用与审美于一体，折扇成为文人雅士的心爱之物，出入于怀袖之间，所以，就有了“怀袖雅物”的称号。

传世最早的折扇绘画是明宣德二年（1427），宣宗朱瞻基所绘画的《松下读书图》。朱瞻基虽然不是职业画家，但是他有很深的艺术造诣，其精湛的笔墨功力毫不逊色于当时的画坛名流。

松下读书，表达的是一种寂静悠闲、清高散淡的理念，代表了中国古代文人达观乐道的思想。一块平坦的青崖石上长着一株苍劲的松树，一位衣着随意的中年文士倚坐在松下，颇有些王右军“袒腹东床”的超然味道。远处的山崖间，清澈的泉水奔流而下，淙淙的水声为清幽的画面平添了生机与灵动。文士发髻上的丝带随风飘动，仿佛有一阵和煦的春风轻轻掠过。头结双髻、身着朱红长衫的书童侍立在旁，怀抱羽扇，表情严肃谦恭。

明代成化年间，扇面书画在民间盛行，从“沈、文、唐、仇”四家到董其昌等文人书画家，其扇面作品对清初“四王吴恽”、“金陵八家”、“扬州八怪”、清末“海派”，乃至近现代名家都产生了深远的影响。

印、章还是印章？

篆刻，是一种古老的传统艺术，距今约有两三千年的悠久历史，顾名思义，就是用篆书刻成印章，也是一种很实用的艺术。

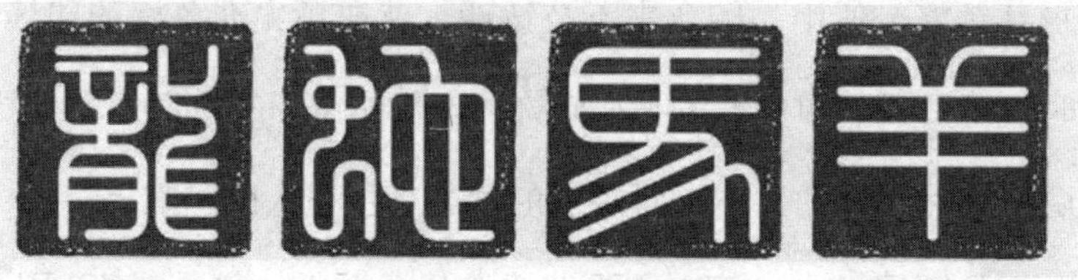

龙　蛇　马　羊

篆刻

早在殷商时期，人们就已经用刀在龟甲上刻写文字，这便是甲骨文。甲骨文刀锋锐利，笔意劲秀，具有较高的刻字水平。春秋战国时期，篆刻印章称为“玺”。秦始皇统一六国后，不同等级身份的人，使用的篆刻印章有不同的称呼，天子用“玺”，官僚用“印”，将军用“章”，私人用“印信”。

篆刻艺术有两个高度发展的历史时期。

一是战国、秦汉和魏晋时期，篆刻的用料多是玉石、金、牙、角等。汉代的篆刻艺术空前灿烂辉煌。汉印无论是内容还是形式，都比以前更加丰富，私印种类繁多。汉印以缪篆体入印，结体简化，笔画平整方直，这种字体与汉代隶书的兴起有关。汉印中还有以鸟虫书入印的，它具有很强的装饰性，是古代的一种美术字体。汉印分为铸、凿两种。西汉的印章多是铸造而成，其中以西汉末年、新莽时期的印章制作最精美。东汉最有特色的是凿印，因为东汉末年社会动荡，战乱纷纷，官员将领经常调动或者阵亡，造成封拜频繁，使用的印章来不及铸造，就在预先准备好的印坯上临时刻凿而成，印文大多不加修饰。汉代的铸印庄重而凿印健拔，这两种截然不同的风格，对后世的篆刻产生很大的影响。

二是明清以来，篆刻艺术流派纷呈。文彭、何震对篆刻流派的开创起了重大的作用。文彭是文徵明的儿子，一次偶然的机会，发现了“灯光石”冻石可以用作治印的材料，经倡导，这种石材被广泛应用。这一时期涌现出程邃、丁敬、邓石如、黄牧甫、赵之谦、吴让之等篆刻艺术家，篆刻艺术呈现出一派繁荣的景象。到近现代，又有了吴昌硕、齐白石等大师。

篆刻是书法、章法、刀法三者完美结合的艺术形式，一方印中，有豪迈飘逸的书法笔意，也有优美赏心的绘画构图，更兼有灵动神秀的刀法雕刻，可谓是“方寸之间，气象万千”。

第二辑

衣食住行

拜倒在石榴裙下

“拜倒在石榴裙下”这句话的由来，与四大美人之一的杨贵妃有关。相传杨贵妃爱穿石榴裙，当时的大臣因为不满唐玄宗宠爱杨贵妃而不理朝政，所以对贵妃娘娘拒不施礼。唐玄宗知道此事后，下令凡不跪拜贵妃者，以欺君之罪严惩不贷。此后，王公大臣见到杨贵妃都纷纷行礼下跪，拜倒在贵妃娘娘的石榴裙下。

石榴裙，在唐代极受年轻女子的喜爱，传奇小说中的李娃、霍小玉都穿这种裙子。石榴裙色如石榴之红，没有其它颜色，当时染这种红裙的颜料，主要是从石榴花中提取而成的。白居易在《琵琶行》中，以血色形容石榴裙的鲜红，所谓“钿头银篦击节碎，血色罗裙翻酒污”。描写石榴裙的唐诗还有不少，如李白的“移舟木兰棹，行酒石榴裙”，杜审言的“红粉青娥映楚云，桃花马上石榴裙”，万楚的“眉黛夺将萱草色，红裙妒杀石榴花”，武则天的“不信比来长下泪，开箱验取石榴裙”，等等。

唐代仕女

石榴裙的风行经久不衰。宋代的刘铉在《乌夜啼》中，把石榴花比作女子的红裙，“只有榴花、全不怨东风。暮雨急。晓鸦湿。绿玲珑。比似茜裙初染、一般同”。明代唐伯虎在《梅妃嗅香》一诗中写道，“梅花香满石榴裙”，同时代的诗人蒋一葵在《燕京五月歌》中有言，“石榴花发街欲焚，蟠枝屈朵皆崩云。千门万户买不尽，剩将女儿染红裙”。直至在清代小说《红楼梦》里，也不乏对石榴裙的描写，如第六十二回的“憨湘云醉眠芍药，呆香菱情解石榴裙”。

吃喝在唐代

如果真的有时光机，可以穿越回到唐代，我们将会过上怎样的生活呢？民以食为天，我们先来看看吃喝的情形。

唐人有丰富的食材。主食有麦、粟、稻和杂粮，副食有葱、韭、蒜、姜、菠菜、竹笋、杏、梨、枣、瓜、葡萄等。富贵者多食肉和鱼，如牛、羊、猪、鸡、蛤蜊、鳜鱼、虾和蟹。这些食材通过组合搭配，可以做出许多种菜式。唐代由分食制转为会食制，数人围聚一桌共享美食，饮宴聚会成为社会风尚。在宴会上，宾客可以尽情品尝各色菜肴，而宴会的盛行，也势必催生出更多的菜式。

唐人喜爱胡食。汤饼、蒸饼、煎饼、凡当饼、红绫馅饼、赍字五色饼、胡饼……在这些唐人常吃的各色饼类之中，胡饼，是一种胡食，汉代自西域传入，至唐代，深受中土人士的欢迎，相传鉴真和尚东渡日本时，还带了胡饼充饥呢。胡椒也是胡食，被唐人广泛用作调味佐料。胡食在上流社会中非常盛行，《旧唐书•舆服志》有言："贵人御馔，尽供胡食"。唐代中西结合的饮食文化可见一斑。

唐人泡得一手好茶。自开元初，茶肆林立，饮茶之风风靡全国。唐人泡茶多用茶叶，茶粉在当时属于上品。茶农斗茶，斗的是采制茶叶的优劣，文人雅士也斗茶，斗的是冲泡茶汤的高下。在这样的背景下，我国第一部研究茶道的著作——《茶经》诞生了，陆羽被尊为"茶圣"。斗茶的风气一直延续，至宋代，文人雅士点汤击沸的标准和方法又有了进一步系统的总结。

唐人嗜酒。爱饮宴，爱吟诗，怎会不爱喝酒？大街小巷，酒馆鳞次栉比，名酒纷呈，有西市腔、郎官清、阿婆清、新丰酒、仇家酒、户县酒等。酒馆里自然少不了沽酒的女郎，像金陵的吴姬，压酒劝客，还有京城的胡姬，专卖胡酒。在骚人墨客的笔下，酒是一种反复出现的意象，"金樽清酒斗十千，玉盘珍羞直万钱"，"山为樽，水为沼，酒徒历历坐洲岛"，"龙头泻酒邀酒星，金槽琵琶夜枨枨。洞庭雨脚来吹笙，酒酣喝月使倒行"……唐人的豪放热情，在饮酒时表现得淋漓尽致。

有菜，有肉，有鱼，有胡食，有茶，还有酒，与三五知己饮宴闲聊，吟诗作对，谈古论今，岂非乐事一桩耶？

道教的饮食养生

受到先秦时期道家贵己重生思想的影响，道教重视养生长寿，认为人体是一个小宇宙，强调人与自然的和谐统一。人应该顺应自然环境和四时气候的变化，通过调节身心和饮食来平衡阴阳，从而达到与自然平衡的境界，即所谓的“天人合一”。

作为我国本土的民间宗教信仰，道教的饮食养生文化，对中国人的饮食生活有着深远的影响。道教的饮食理论以尊重自然、追求长生养生为目的，以养生的原则来调节饮食，注重饮食禁忌，以自然合理的饮食调配来平衡人体五脏六腑的阴阳偏颇。

《道德经》中有云：“万物负阴而抱阳，中气以为和。”道教主张在日常的起居饮食中，依据阴阳五行的学说来进行饮食养生。即以阴阳五行的变化、环境节气的不同来选择合适的食物。

一年四季，春温夏热秋凉冬寒，是四时之正气。人之所以会生病，是因为邪气入侵体内，用食物、药膳可以预防疾病、调养身心。春月少酸宜食甘，夏要清暑宜食淡，秋宜收敛食宜酸，冬宜辛散御风寒。

道教认为，“医道同源”、“医食同源”、“药食归一”。除了通过饮食来养生，道教还从医学的角度探讨养生与长寿，流传着包括膏方、丹方、丸方和散方在内的养生延寿方。此外，还有法门繁多的养生气功，如守一、存思、行气、服气、坐忘、导引、吐纳、按摩等。

真的可以睡在绳子上？

武侠小说中的侠客义士，往往可以轻而易举地坐在甚至躺在绳子上。其实，即便是不会武功的普通人，也是可以坐卧在绳子上的。

早在东汉末年起，就出现了一种胡床，这是北方的游牧民族为了迁徙方便而创制的，后来在民族交往中传入中原。胡床的床面用绳带交叉贯穿而成，可以折起来，又称为绳床、交椅。《世说新语·容止》中说道："（庾亮）俄而率左右十许人步来，诸贤欲起避之（回避），公（庾亮）徐云：'诸君少住（留步），老子于此处兴复不浅（对咏诗有兴趣）。'因便据（坐）胡床与诸人咏谑（吟咏谈笑）。"胡床轻巧便于搬动，常常移至室外使用。今天的木质交椅、折叠椅、折叠凳，都是由胡床发展而来的。

古代的床比较矮小，是坐卧两用的。据《世说新语·德行》载，"晋简文为抚军时，所坐床上尘不见拂（灰尘不让擦去），见鼠行迹，视以为佳"，这是坐在床上。"（王）祥尝在别床眠，母自往暗斫（斩）之”，“有一伧父（穷老头）冷病积年，重茵累褥（被子），床下设炉火，犹不差（才不觉得那么冷）”，这是卧在床上。当然，也有的床是寝卧专用的，床很大而且可以支上蚊帐，《王玄载传》云，“世祖时在大床寝，（王）瞻谓豫章王曰：‘帐中物（指世祖）亦复随人起兴。’世祖衔（心中恼怒）之，未尝形色（表露出来）”。

胡床

吉祥葫芦

葫芦，谐音“福禄”，内中藏子，寓意着子孙万代、多子多福，人们把葫芦视作吉祥物，叫做“吉祥葫芦”。葫芦古代写作“壶”，俗称葫芦瓜，《诗经·大雅》中说：“锦锦瓜瓞，民之初生”，意思是人类出自葫芦瓜。葫芦爱生长、能蔓延、多果实，这和人类的母性崇拜、希望子孙繁衍的愿望是相符的。

葫芦

宋代诗人陆游对葫芦有着很高的赞誉："葫芦虽小藏天地，伴我云山万里身。收起鬼神窥不见，用时能与物为春。"在古代，人们常常给小孩佩带上小葫芦，以祈求长命百岁。在屋梁下，人们悬挂葫芦，称之为"顶梁"，从此家宅平安，还有的人用红绳线把五个葫芦串绑起来，称为"五福临门"。葫芦是道家的神物，道士随身携带葫芦，装着"仙丹妙药〞作为法器，相传铁拐李、麻姑、南极仙翁等都携带"宝葫芦"，许多道观还用葫芦来驱邪逐鬼、镇压五毒。

葫芦除了食用、药用之外，待它干老成熟后，还可以用作盛器，用来盛药装酒，是普通的生活用品。它还可以做成农具、舟具、乐器甚至是火器。为了美观，人们在葫芦的外面雕刻上各种各样的图案，葫芦逐渐演变成民间工艺品。在宋代，东昌地区流行葫芦雕刻。到了明清时期，东昌府濒临京杭大运河，是鲁西的政治、经济和文化枢纽，商贾云集，繁盛一时，葫芦雕刻作为重要的商品，随着运河销往全国各地。

范蠡、西施和琉璃

琉璃，旧称“绿货”，是一种带彩的陶瓷，是中国五大名器之首。琉璃的起源，有一段美丽的传说。

春秋战国时期，范蠡为越王勾践铸造王者之剑，在铸剑时发现了一种绿色的粉状物，经过烈火百炼，既有王者之气，又晶莹剔透，有水晶的阴柔。范蠡将这种物品和剑一起献给勾践，勾践感念范蠡铸剑之功，便将这种物品命名为“蠡”并赐还。范蠡把“蠡”加工成精美的首饰，作为定情信物送给西施。后来，西施被迫前往吴国和亲，临别时，将“蠡”送还给范蠡。西施的眼泪滴落在“蠡”上，好像晶莹的水珠在其中流动，所以，后人把“蠡”称为“流蠡”。

传说终究是传说，关于琉璃的出现，最早的文字记录可以追溯到唐代。唐代的李亢在《独异治》中有这样的记载：

“开元间，有长安贩夫王二狗者，尝往返淄郡贩丝，微利也。一日，孤馆遇盗，财物尽失。二狗叹曰：‘天不助我。’遂悬梁欲自尽。冥冥中见一老者，锦衣玉带，头戴朝冠，身穿红袍，白脸长须，温文尔雅，左手‘如意’，右手‘元宝’，高祖赐封财帛星君李相公是也。星君曰：‘尔当大富贵，岂可轻生！不闻淄州出琉璃乎？’又舍元宝一枚，乃去。二狗遂贩琉璃，成长安首富。又感念星君所赐，易名元宝。”可见，琉璃出产自山东淄博。

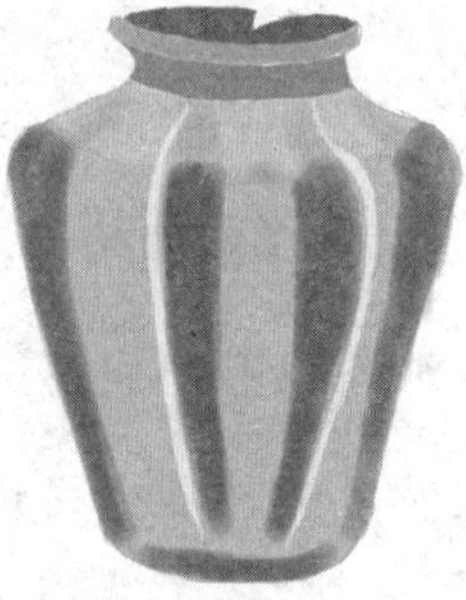

南汉玻璃瓶效果图

西方的玻璃，早在汉代就已经传入中国了，当时的名称也是叫做“琉璃”。据《汉书》载：“罽宾国……出珠、珊瑚、虎魄、璧流离。”罽宾国位于今天的阿富汗一带，璧流离指的就是玻璃。《西京杂记》中说道，汉武帝制造神物，“扉悉以白琉璃作之，光明洞澈”。东晋王嘉的《拾遗记》中说，吴主孙亮用“琉璃”作屏，“甚薄而莹澈，使四人坐屏风内而外望之，如无隔，惟香气不通于外”。这些文段中所谓的“琉璃”，实际上是从域外传入的玻璃，有良好的透明效果。

艾灸是一种古老的疗法吗?

传统中医认为，艾灸可以保健治病，一些人也有熏艾的习惯，艾灸起源于什么时候呢？果真是一种古老的疗法吗？

“艾灸”中的“灸”字，最早见于《庄子》，据《庄子·盗跖篇》载，孔子对柳下季说，“丘所谓无病而自灸也”。“灸”的本字是“久”，1975年于湖北云梦睡虎地出土的秦墓竹简(法律文书)《封诊式·贼死》中说道，“男子丁壮，析（皙）色，长七尺一寸，发长二尺，其腹有久故瘢二所”。“久”以后演变为“灸”字，汉代许慎《说文解字》说：“灸，灼也，从火”。

灸法的运用，起源于人类掌握了用火之后。人们在烤火取暖、烘烤食物或者篝火防兽的时候，有时会被迸出的火星灼伤皮肤，但这种局部的烧灼也可以减轻某些疾病的症状。这种情形反复出现，人们便受到启发，开始有意识地选用一些干枯的植物茎叶作为燃料，对身体的局部进行温热刺激。到了商周早期，灸法已经普遍流行了。马王堆西汉墓出土的古医书《五十二病方》中，有这样的关于治疗尿闭症的记载，“燔陈刍若陈薪，令病者背火炙之”，意思是用干草或干柴烧一堆火，让有尿闭症的人背对着火堆烘烤背部。

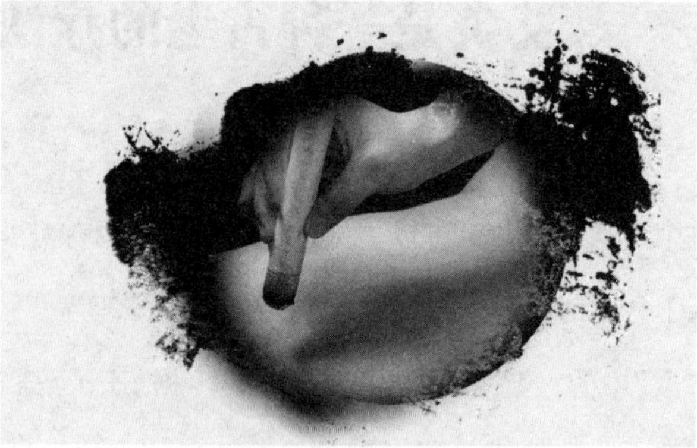

艾灸

灸法实践多了，人们对灸疗的材料也有所选择。《黄帝虾蟆经》记载，松、柏、竹、橘、榆、枳、桑、枣等八木不宜灸火，因为它们对人体有所伤害，所以逐渐被淘汰，槐木火灸，病疮易瘥，而艾叶熏灸疗效最为显著，所以人们逐渐多用艾叶来灸疗。殷商占卜所用的甲骨，也有用艾作燃料烤灼的，据载，西戎的卜法“以艾灼羊髀骨，视其兆，谓之死跋焦”。直至春秋时期，艾灸已经很流行了，《诗经·采葛》载，“彼采艾兮”，西汉的毛亨和毛苌解释说，“艾所以疗疾”。

古人那些有趣的习俗

习俗，是一些约定俗成的风俗习惯，或与法律无关，只是代代相传，倘若不这么做，别人就会说你不懂规矩。今天有哪些习俗，相信你可以说出很多很多，然而古代的习俗，远至先秦时期，你又知道多少呢？我们来看看《左传》是怎样说的。

一、官僚食肉

《左传·襄公二十八年》：“公膳，日双以鸡。饔人窃更之以鹜。御者知之，则去其肉而以其洎馈。子雅、子尾怒。”

公，朝廷的卿大夫。饔人，做饭的人。御者，送饭的人。卿大夫用餐，每天会有两只鸡，做饭的人把鸡换成鸭子，送饭的人把肉拿掉只剩下汤。

《左传·庄公十年》：“十年春，齐师伐我。公将战，曹刿请见。其乡人曰：‘肉食者谋之，又何间焉。’刿曰：‘肉食者鄙，未能远谋。’乃入见。”

肉食者，在朝为官的人。齐国攻打鲁国，曹刿想拜见鲁庄公，有人说那是吃肉的人考虑的事情，曹刿却认为当官的人不能深谋远虑。

这说明食肉在当时大多限于达官贵人，在饮食上，统治阶级和被统治阶级是有尊卑贵贱的等级差别的。

二、就餐不佩剑

《左传·哀公十七年》：“卫侯为虎幄于藉圃，成，求令名者，而与之始食焉。太子请使良夫。良夫乘衷甸两牡，紫衣狐裘，至，袒裘，不释剑而食。太子使牵以退，数之以三罪而杀之。”

虎幄，虎兽纹的房子。令名者，名誉好的人。衷甸两牡，由两匹公马驾着的车子。卫庄公建造了新房子，找一位名誉好的人一起吃饭，良夫来到后，敞开衣服，却没有解下佩剑就开始吃饭了，于是太子就把他杀掉了。这说明携带兵器用餐是一种重罪。

三、赤脚进屋

《左传·宣公十四年》：“楚子闻之，投袂而起，屦及于室皇，剑及于寝门之外，车及于蒲胥之市。秋九月，楚子围宋。”

屦，鞋子。申舟到齐国聘问，途径宋国，被杀害了。楚庄王听说后，甩袖而走，随从追到前院递上鞋子，又追到寝宫门外送上佩剑。

《左传·哀公二十五年》：“卫侯为灵台于藉圃，与诸大夫饮酒焉。褚师声子袜而登席，公怒，辞曰：‘臣有疾，异于人。若见之，君将呕之，是以不敢。’公愈怒，大夫辞之，不可。褚师出，公戟其手，曰：‘必断而足。’”

袜，穿着袜子。戟其手，手叉着腰。卫公和大臣在灵台喝酒，褚师声子穿着袜子登席，说是脚上有疮，不便让人看见，卫公命人砍了他的脚。

这说明人们在室内是不穿鞋子的，而且登席时必须脱掉袜子。

四、用冰降温

《左传•襄公二十一年》：“楚子使薳子冯为令尹。访于申叔豫，叔豫曰：‘国多宠而王弱，国不可为也。’遂以疾辞。方暑，阙地，下冰而床焉。重茧衣裘，鲜食而寝。”

宠，宠臣。阙地，挖地。下冰，放上冰块。重茧衣裘，穿棉衣皮裘。薳子冯对楚国的前途很失望，就装病推辞不当令尹，大热天挖地，在床下放置冰块，穿着厚厚的衣服，又不吃东西躺在床上。这说明炎热的夏天，人们会用冰块来给室内降温。

中国是礼仪之邦，在古代，上至朝会、祭祀等政治宗教活动，下至衣食住行等日常生活习俗，或多或少都和礼仪有关。上述的这些习俗，虽然不受法律的约束，却受礼仪的约束，遵守了，便符合行为规范，不遵守，随时招来杀身之祸，正所谓“礼，人之干也。无礼，无以立”。先秦时期的习俗，除了在《左传》中有记载以外，还可见于《周礼》《仪礼》《礼记》《诗经》《楚辞》《国语》《公羊传》和《穀梁传》等古籍之中，有兴趣者，不妨一读。

临安商业志

“山外青山楼外楼，西湖歌舞几时休？暖风熏得游人醉，直把杭州作汴州。”林升的《题临安邸》虽然讽刺了南宋统治者的苟且偷安，却也道出了当时的都城临安（即杭州）的繁华。南宋的临安到底有多繁华？商业有多发达？

买卖不受时间的限制，夜间照常进行。端午前夕，家家户户争相选购桃、柳、蒲叶、伏道、粽子、五色水团和时果，直至深夜，“自隔宿及五更，沿门唱卖声，满街不绝”。中秋之夜，无论是公子王孙还是平民百姓，都出门游乐，饮酒赏月，商铺借此机会通宵营业，“此夜天街买卖，直至五鼓，玩月游人，婆娑于市，至晓不绝”。除了节日以外，平时的临安城，买卖也是昼夜不绝的，晚上的夜市，不仅有卖糖果、糖水、板栗、果子、鱼肉、酥糕、粉面、汤羹等食品的，还有卖扇子、衣物、玩具、数珠、屏风、纱帐、香料等用品的，更有“卖卦人盘街叫卖，如顶盘担架卖市食，至三更不绝”。

图绘南宋都城临安街景

买卖不受地点的限制，百姓居住的坊巷也多有商铺。除夕夜，人们储备各种寓意吉祥的食物和用品迎接新的一年，有的商家进入坊巷叫卖年货，“街市扑买锡打春幡胜、百事吉斛儿，以备元旦悬于门首，为新岁吉兆。其各坊巷叫卖苍术小枣不绝”。在禁城九厢坊巷中，左二厢所管辖的修义坊和富乐坊就是专门从事买卖的场所，“修义坊，俗呼菱椒巷，即肉市。富乐坊，俗呼卖马巷”，与市场相比，肉和马在坊巷交易更加便于人们的日常生活。临安城有一百二十间知名商铺，在坊间开设的有市西坊南的和剂惠民药局、保佑坊前的孔家头巾铺、市南坊的沈家白衣铺、市西坊北的钮家彩帛铺、修义坊北的张古老胭脂铺、修义坊的三不欺药铺、清河坊的顾家彩帛铺、太平坊南的倪没门面食店、太平坊大街东南角的虾蟆眼酒店、里仁坊口的游家漆铺，加上在巷里开设的十间，坊巷共有二十间商铺，占了全城商铺总数的六分之一。有道是：“坊巷桥道，院落纵横……处处各有茶坊、酒肆、面店、果子、彩帛、绒线、香烛、油酱、食米、下饭鱼肉鲞腊等铺”，甚至流福坊桥右的府治前，“市井亦盈，铺席甚多”，供前来办事的人们购物嬉闹。

各类食肆大量涌现，各色食品一应俱全。每日四更天山寺鸣钟后，早市就开始了，根据节气的变化，店铺会供应不同的早点，“冬天卖五味肉粥、七宝素粥，夏天卖义粥、馓子、豆子粥”。经营早市的店铺数量繁多，而且风雨无阻，“自内后门至观桥下，大街小巷，在在有之，不论晴雨霜雪皆然也”。除了早市以外，临安城还有不少各具特色的茶肆、酒肆、分茶酒店、面食店和荤素从食店。茶肆用茶汤、点茶和奇花异草来吸引客人，招揽生意，“四时卖奇茶异汤……点茶汤以便游观之人……列花架，安顿奇松异桧等物于其上”。酒肆既注重门面装饰，也注重顾客服务，

“贴金红纱栀子灯……浓妆妓女数十，以待酒客呼唤……兼卖诸般下酒小菜，自有食牌”。分茶酒店有以鸡肉、鹅肉、鸭肉、牛肉、羊肉、獐肉、腰子、雀、螺、鱼、虾、蟹、蛎、蚶子、蛤蜊、笋、淡菜、粉条和果子为食材的菜式三百八十八款，“随时索唤，应手供造品尝”。面食店有南北风味的荤素面食、家常饭食和菜羹一百三十七款。荤素从食店有馒头、包子、饼、糕、元子、水团、粽子和夹子一百二十二款，这些点心“四时皆有，任便索唤”。

南宋的临安，呈现出一派繁荣的景象，与现代都市不相伯仲。临安城里不少商铺都是自家经营的，店名也冠以家族的姓氏，像孔家头巾铺、沈家白衣铺、钮家彩帛铺、顾家彩帛铺、游家漆铺、张家元子铺、钱家干果铺和姚家海鲜铺，等等。由于不同的家族世代相传的生产工艺各异，又是手工生产，这些店铺出售的每件产品都是独一无二的，都带有手工制作的痕迹和各个家族的情怀。如今，随着旧城改造、建设国际大都市的需要，城市里尽是连锁超市和百货公司，许多极具特色的私营小店、老字号的生意都大不如从前，或被合并，或被收购，或被淹没在现代化大生产的浪潮之中，甚是可惜。

夜观星象，都在观些什么？

古代的中国以农业立国，天体运行、四时变化与农事耕作息息相关，所以，当时人们对日月星辰都有相当的认识。古书中涉及的星辰概念名目繁多，主要有七曜、二十八星宿、北斗七星和十二星次，见于历代的官修史书之中，如《史记·天官书》、《汉书·天文志》等。

七曜：

水星、金星、火星、木星、土星、太阳和月亮，合称为“七曜”。古巴比伦曾以七曜纪日，每曜一天，一周有七天，周而复始，唐时由摩尼教徒传入中国。火曜属火，荧荧如火，明暗不定，亦称“荧惑”。水曜属水，最靠近太阳，亦称“辰星”。金曜属金，是最明亮的行星，亦称“明星”。木曜属木，运动周期约十二年，每年行经一个特定的星域，古人以此纪年，亦称“岁星”。土曜属土，亦称“镇星”、“填星”。

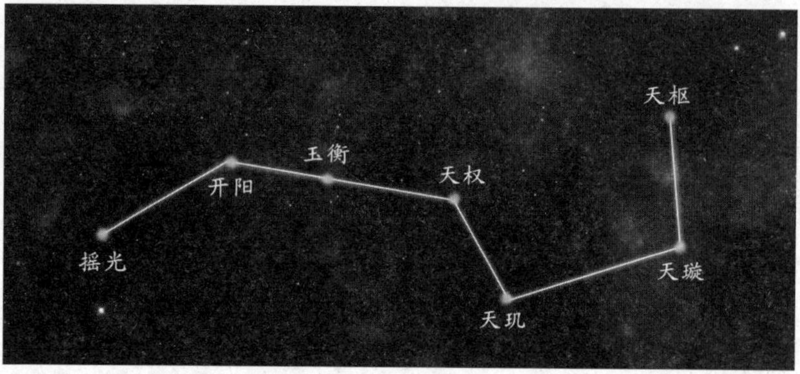

北斗七星

北斗七星：

天枢、天璇、天玑、天权、玉衡、开阳和摇光，在北方的天空上排列成斗形，即“北斗七星”。前四颗星呈方形，称“斗魁”，后三颗星呈斗柄状，称“斗杓”。古人以斗柄的指向作为季节划分的标识，“斗柄东指，天下皆春；斗柄南指，天下皆夏；斗柄西指，天下皆秋；斗柄北指，天下皆冬”。

二十八星宿：

由赤道和黄道一带的若干恒星，组成的二十八个星组，称为“二十八星宿”。把每一宿的星星用线连起来，可以构成各种不同形状的图形。每七宿，则合成一象，以动物来命名，称为“四象”，分别是东方苍龙七宿（角、亢、氐、房、心、尾、箕），西方白虎七宿（奎、娄、胃、昴、毕、参、觜），南方朱雀七宿（井、鬼、柳、星、张、翼、轸），北方玄武七宿（斗、牛、女、虚、危、室、壁）。二十八宿是用来量度日月五星的位置的，“荧惑守心”，即火星居心宿，“太白食昴”，即金星挡住了昴宿。

十二星次：

沿着黄道赤道自西向东，可划分为十二等分，即“十二星次”，依次为星纪、玄枵、娵訾、降娄、大梁、实沈、鹑首、鹑火、鹑尾、寿星、大火、析木。十二星次以二十八宿中某些星宿作为标志，如星纪的主要星宿是斗、牛、女。无独有偶，古希腊天文学家也曾将黄道分为十二段，是为“黄道十二宫”，有摩羯宫、宝瓶宫、双鱼宫、白羊宫、金牛宫、双子宫、巨蟹宫、狮子宫、室女宫、天秤宫、天蝎宫、人马宫，分别对应从星纪至析木的十二星次。

因为敬畏自然，在构建了一系列有关星辰的基本概念的同时，古人还认为星象主宰和反映了世间人事的变迁，从而产生了对星辰的信仰。星辰被神格化，化为星君，冠以名号，如真武大帝、太白星君，而且各有所司，北斗落化，南斗延寿，故有“南斗注生，北斗注死”的说法。民间流行着“紫微斗数”，即以星宿配合天干地支阴阳五行的演变而形成的命理占卜术数，还有与虚构假想的星神——“太岁”相关的各种禁忌。古代的星辰信仰延续至今，现在，十二星座仍是人们热议的话题，某些星座还时常被黑。星象学是否可信？天上亮晶晶的星星，果真和地上的人儿有着某种神秘的联系吗？

第三辑

词语故事

呆若木鸡，天下无敌

“呆若木鸡”这个成语，现在用来形容一个人痴傻发愣的样子，但它最初的意思，是赞赏一个人镇定自若、态度稳重，和“大智若愚”的意思相近。

“呆若木鸡”出自《庄子·达生》：“纪渻子为王养斗鸡。十日而问：‘鸡已乎？’曰：‘未也，方虚憍而恃气。’十日又问，曰：‘未也，犹应向景。’十日又问，曰：‘未也，犹疾视而盛气。’十日又问，曰：‘几矣。鸡虽有鸣者，已无变矣，望之似木鸡矣，其德全矣，异鸡无敢应者，反走矣。’”

齐宣王爱好斗鸡，邀请训鸡高手纪渻子训练一只鸡。齐宣王求胜心切，十日后，便派人来问，鸡训练好了吗？纪渻子回答说不行，这只鸡雄赳赳气昂昂，喜欢挑衅。过了十日，齐王第二次来询问。纪渻子还是回答说不行，因为这鸡虽然不会随便进攻了，但是沉不住气。又过了十日，齐王第三次派人来打探情况。纪渻子仍回答不行，因为这鸡目露凶光，胸怀斗志。再过十日，齐王第四次来问纪渻子，回答说，现在差不多了，当它听到其他鸡鸣叫时，已经没有任何反应了，看上去就好像是一只木鸡。这样的鸡在斗鸡台上，气定神闲，其他鸡不敢上前挑战，自然都会临阵退缩。

“望之似木鸡”，这是斗鸡追求的最高境界，不骄不躁，不用主动出击，就能吓退群鸡，具有超强的战斗力。大智若愚、大巧若拙，真正有大智慧的人表面看上去是愚钝的，真正技艺高超的人看起来是笨拙的。这是道家的思想，道家的智慧。在金庸的武侠小说中，“无招胜有招”，也是武林高手所追求的一种境界。

“蛛丝马迹”的“马”是虫?

成语“蛛丝马迹”，比喻事情所留下的隐约可寻的痕迹和线索，“蛛丝”指的是蜘蛛丝，“马迹”指的又是什么呢？很多人认为，“马迹”的意思是马蹄留下的痕迹，然而并不是。

它指的是一种叫“灶马”的昆虫爬过留下的痕迹。“灶马”又名“突灶螽”，属于直翅目蟋螽科，一年四季都可以见到，通常穴居在灶台与杂物堆的缝隙之中，以剩菜、植物和小型昆虫为食，爬过的地方通常会留下一条不太明显的痕迹。

据唐代段成式的《酉阳杂俎·虫篇》记载：“灶马，状如促织，稍大，脚长，好穴于灶侧。俗言：‘灶有马，足食之兆。’”古代中国以农业立国，一年到头，人们都盼望着可以丰衣足食。“灶马”相传是灶王爷的坐骑，灶台上经常出现灶马的痕迹，说明灶王爷经常光顾这里，自然预示着衣食无忧。

“蜘蛛”和“灶马”都是体型相当的昆虫，“蛛丝”和“马迹”都是不太明显的事物，两者相提并论，比喻隐约可寻、依稀可辨的痕迹和线索，是合情合理的。因为“灶马”是一种昆虫，所以“蛛丝马迹”，也可以写作“蛛丝虫迹”，清人夏敬渠在长篇小说《野叟曝言》中写道：“蛛丝虫迹，屋漏蝙涎，不即不离，有意无意，其妙如何”。

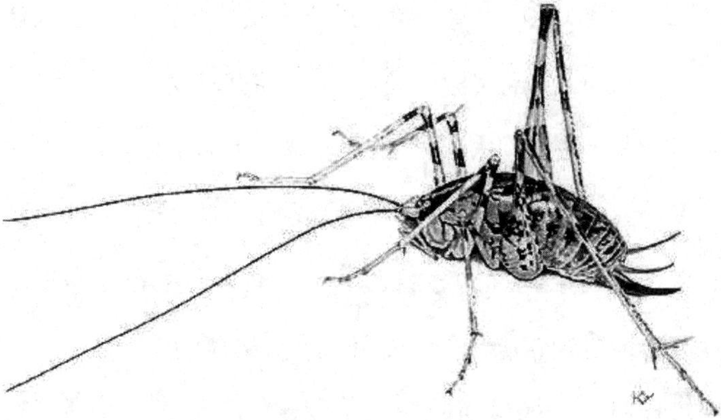

灶马

“衣冠禽兽”是赞语?

“衣冠禽兽”，常用来表示道德败坏的人，这种人徒有其表，行为却如禽兽一般。但是，在明代中期以前，“衣冠禽兽”是赞语，有令人羡慕的意味。

这一成语来源于明代官员的服饰。明代规定，文官官服绣禽，品级不同，所绣的禽不同。具体来说，文官一品绣仙鹤，二品绣锦鸡，三品绣孔雀，四品绣云雁，五品绣白鹇，六品绣鹭鸶，七品绣练鹊，八品绣黄鹂，九品绣鹌鹑。而武官官服，则绘兽，同样，品级不同，所绘的兽也不同。具体来说，一品二品绘狮子，三品绘虎，四品绘豹，五品绘熊，六品七品绘彪，八品绘犀牛，九品绘海马。文武官员一品至四品穿红袍，五品至七品穿青袍，八品九品穿绿袍。所以，“衣冠”上的“禽兽”和文武官员的品级一一对应，于是，当时平民百姓就把官员称作“衣冠禽兽”。

到了明代中晚期，“衣冠禽兽”一词开始有了贬义，老百姓用来称呼为非作歹的官员，陈汝元在《金莲记·构衅》中说道，“人人骂我做衣冠禽兽，个个识我是文物穿窬。”清代以后，“衣冠禽兽”一词普遍用作贬义，李汝珍的《镜花缘》中有言，“既是不孝，所谓衣冠禽兽，要那才女又有何用。”

明代官服

何谓“娘子军”？

娘子军，最早是指唐高祖李渊的女儿平阳公主统领的军队。隋朝末年，农民起义风起云涌，驻守在太原的唐国公李渊起兵反隋。李渊的三女儿回到山西故乡变卖家产，招募了一支小型部队，结合当地的农民武装力量，拥有 7 万兵力，号称“娘子军”。这支队伍纪律严明，威震关中，617 年，她成功带领军队和李世民在渭北会师，李渊称帝后，册封三女儿为平阳公主。

此事可见于《旧唐书·平阳公主传》：“平阳公主，高祖第三女也，太穆皇后所生。义兵将起，公主与绍并在长安，遣使密召之。绍谓公主曰：‘尊公将扫清多难，绍欲迎接义旗；同去则不可，独行恐罹后患，为计若何？’公主曰：‘君宜速去。我一妇人，临时易可藏隐，当别自为计矣。’绍即间行赴太原。公主乃归鄠县庄所，遂散家资，招引山中亡命，得数百人，起兵以应高祖。时有胡贼何潘仁聚众于司竹园，自称总管，未有所属。公主遣家僮马三宝说以利害，潘仁攻鄠县，陷之。三宝又说群盗李仲文、向善志、丘师利等，各率众数千人来会。时京师留守频遣军讨公主，三宝、潘仁屡挫其锋。公主掠地至盩厔、武功、始平，皆下之。每申明法令，禁兵士，无得侵掠，故远近奔赴者甚众，得兵七万人。公主令间使以闻，高祖大悦。及义军渡河，遣绍将数百骑趋华阴，傍南山以迎公主。时公主引精兵万余与太宗军会于渭北，与绍各置幕府，俱围京城，营中号曰‘娘子军’。”

平阳公主的这支“娘子军”，以女性为将领，以男性为士兵。而以女性为基本成员并且组织严密的娘子军，是从太平天国的女军开始的。太平天国的女军在男女平等的纲领指导下成立，以前、后、左、中、右和数字一至八编排番号，共40军，每军2000多人，总计10万多人。

为什么皇帝是“九五之尊”？

在中国古代，老百姓通常把皇帝称为“九五之尊”，这是为什么呢？

一是因为，古人把数字分为阳数和阴数，奇数是阳数，偶数是阴数。阳数中，九是最高最大的，五居正中的位置，古人讲究中庸之道，对这个数字也有所偏爱。所以，人们以“九”和“五”象征帝王的权威，称皇帝为“九五之尊”，称天高为“九天”，在皇帝周围设“九卿”，在皇宫设“五门”，清代紫禁城的“五门”是指天安门、端门、午门、太和门和乾清门。

还有一种说法，是说“九五”一词来源于《易经》。六十四卦的首卦是乾卦，乾象征天，所以，乾卦是代表帝王的卦象，乾卦由六条阳爻组成，有极阳、极盛之意。从下往上数，第五爻称为“九五”，《易经·乾卦》中说道，“九五，飞龙在天利见大人”。由于《易经》尊崇阴阳转化之道，认为盛极必衰，所以，乾卦的第六爻“亢龙有悔”，是最阳之爻，再无上升的余地，必然要走向衰落，呈凶相。因此，九五就是乾卦中最好最吉利的爻，符合“圣人有龙德，飞腾而居天位”的含义，称皇帝为“九五之尊”，皇帝也就“德备天下”了。

对牛弹琴，牛真不懂？

“对牛弹琴”，出自东汉时期牟融所著的《牟子理惑论》，讲述的是战国时期公明仪为牛弹奏乐曲的故事：“公明仪为牛弹《清角》之操，伏食如故。非牛不闻，不合其耳矣。转为蚊虻之声、孤犊之鸣，即掉尾、奋耳，蹀躞而听。”

这说的是有一天，公明仪在弹琴，旁边有一头黄牛在吃草，他面对黄牛，弹奏着一曲《清角》。无论公明仪的琴声多么动听，黄牛依然是低头吃草，没有任何反应。其实，不是黄牛没有听见琴声，只是这首曲子不适合黄牛听而已。于是，公明仪调整琴弦继续弹琴，模拟出蚊虻的嗡嗡声，黄牛以为是蚊虻飞来叮咬，就甩起尾巴去驱赶。随后，公明仪模拟出孤独小牛的哞哞叫声，黄牛就竖耳细听，小步徘徊寻找小牛。

所以，“对牛弹琴”，牛对琴声还是有反应的，只是牛对音乐的理解和人不同罢了。这个成语，后人解释为对不懂道理的人讲道理，对不懂审美的人讲风雅，讥讽说话的人不看对象。宋代文学家周密在《齐东野语》中有言："物之不灵，告以话语而弗听，俗所谓对牛马而诵经是已。"宋代禅师惟白在《续灯录·汝能禅师》中说道："对牛弹琴，不入牛耳。"

空穴来的是什么风?

“空穴来风”，比喻消息和传说不是完全没有根据，或者用来指消息和传说毫无根据，使用时需要根据上下文和具体语境区分其含义。这个成语最早出自何处呢？空穴所来的风，都是什么风？

战国时期，辞赋家宋玉与楚襄王有过一段关于“风”的对话。据《风赋》载：“楚襄王游于兰台之宫，宋玉景差侍。有风飒然而至，王乃披襟而当之，曰：‘快哉此风！寡人所与庶人共者邪？’宋玉对曰：‘此独大王之风耳，庶人安得而共之！’王曰：‘夫风者，天地之气，溥畅而至，不择贵贱高下而加焉。今子独以为寡人之风，岂有说乎？’宋玉对曰：‘臣闻于师：枳句来巢，空穴来风。其所托者然，则风气殊焉’……”

意思说的是，宋玉、景差陪同楚襄王在兰台宫游玩。一阵风吹来，楚襄王敞开衣襟迎着风说，这风真爽快，这是我与百姓共同享受的吗？宋玉回答，这只是大王才能享受的风，百姓怎能与大王共同享受呢？楚襄王问，风在天地之间畅通无阻地流动，不分贵贱高下，都能感受得到，为什么你却认为只有我才能享受它呢？宋玉继续说，枳树弯曲而多叉，容易招引鸟儿来做窝。有空洞的地方，风就会吹过来。由于环境条件不同，风的气势也就有所不同了，所以，庶人不能享受大王之风。接着，宋玉长篇大论地指出“大王之雄风”和“庶人之雌风”的区别，让楚襄王知道，大王的生活和平民的生活也是不同的，从而达到劝谏的目的。

谁是东床快婿？

“东床快婿”一词，通常用来形容才能出众的理想女婿。那么，究竟是谁，能配得上这一美名呢？

据《世说新语·雅量》记载：“郗太傅在京口，遣门生与王丞相书，求女婿。丞相语郗信：‘君往东厢，任意选之。’门生归，白郗曰：‘王家诸郎，亦皆可嘉，闻来觅婿，咸自矜持。唯有一郎，在床上坦腹卧，如不闻。’郗公云：‘正此好！’访之，乃是逸少，因嫁女与焉。”

这个故事说的是，东晋太尉郗鉴有个女儿，到了出嫁的年龄，一天，郗鉴派人到丞相王导的家中为女儿挑选对象。王家是名门望族，府上的后生都很英俊，一听说太尉郗鉴要为宝贝女儿选女婿，一个个年轻人都精心打扮出来相见。唯独有一个人躺在东院书房靠东墙的一张床上，袒腹仰卧，无动于衷。郗鉴听说这个事情后就说：“这个躺在东床上的年轻人不做作、很豁达，正是我要找的女婿呀！”于是就把女儿嫁给了他。

有美好的内涵，比有美好的外表更加重要。躺在东床上的年轻人叫逸少，即是后来鼎鼎有名的书法家王羲之，以“天下第一行书”《兰亭序》闻名。郗鉴的这位女儿，名郗璇，与王羲之育有七子一女，有90岁的高寿。王家，是东晋时期的世家大族，刘禹锡诗云：“旧时王谢堂前燕，飞入寻常百姓家”。

王羲之

“烂醉如泥”的“泥”是虫?

成语“烂醉如泥”，形容一个人喝酒喝得大醉的样子。人们望文生义，以为“泥”就是一堆烂泥，一滩稀泥，意思是人喝醉了，像一堆烂泥一样扶不起来。实际上，“烂醉如泥”的“泥”，不是一堆烂泥，而是一种虫子。

“烂醉如泥”来源于“醉如泥”一词，最早见于东汉时期。据《后汉书·儒林传·周泽》载：“十二年，以泽行司徒事，如真。泽性简，忽威仪，颇失宰相之望。数月，复为太常。清洁循行，尽敬宗庙。常卧疾斋宫，其妻哀泽老病，窥问所苦。泽大怒，以妻干犯斋禁，遂收送诏狱谢罪。当世疑其诡激。时人为之语曰：‘生世不谐，作太常妻，一岁三百六十日，三百五十九日斋。一日不斋醉如泥。’”这说的是，掌管宗庙礼仪的官员周泽，斋戒后常常睡在斋宫里，他的妻子担心他年老多病，便前来探望。不料周泽见到妻子，非但不感激妻子的慰问，反而大怒，认为妻子触犯了斋戒期间的禁令，将妻子下狱。当时的人很同情周泽妻子的遭遇，于是作了一首诗，说周泽的妻子命不好，一年三百六十天，周泽有三百五十九天都在斋戒，剩下的一天虽然没有斋戒，却喝得烂醉如泥。

南宋的吴曾在他的笔记《能改斋漫录》中考证道："南海有虫，无骨，名曰泥。在水中则活，失水则醉。"后来，明朝的张岱在他的笔记《夜航船》中说道："南海有虫，无骨，名曰泥。在水中则活，失水则醉，如一堆泥。故诗人讥周泽曰'一日不斋醉如泥'"。此外，南宋张邦基的《墨庄漫绿》和洪迈的《对雨编》、宋代佚名的《五色线》、明代陈继儒的《群碎录》、清代的《康熙字典》和吴景旭的《历代诗话》等书中都有类似的记载。可见，"泥"是一种生长在南海中的怪虫，身上没有骨头，在水中可以自在悠游，一旦离开水就失水而醉。人喝醉酒的样子，跟"泥"失水而醉的样子很像，后来，人们就在"醉如泥"一词前添加一个"烂"字，用"烂醉如泥"来形容一个人喝得酩酊大醉后的样子。

明镜高悬还是秦镜高悬?

在历史影视剧中，我们常常可以看到，在官府衙门的大堂后墙上，悬挂着一个匾额，写着“明镜高悬”四个大字。什么是“明镜”呢？“明镜高悬”有什么来历呢？

“明镜”一词，出自晋代葛洪所著的《西京杂记》。据记载，刘邦、项羽争霸，刘邦率军进入秦朝都城咸阳，在皇宫里，他看到无数的珍宝奇物，大开眼界，其中，有一块长方形铜镜，高 5 尺 9 寸，宽 4 尺，表里明亮。此镜功能奇特，人在镜中的影像是倒立的，用手按住胸口，不但可以照见五脏六腑，看出人体内的病灶，而且能照出人心中的邪念。秦始皇常常用来照手下的大臣和宫中之人，一旦发现谁心存邪念，就严厉惩处，此镜出于秦地，所以人们称它为“秦镜”。

后来，人们就用“秦镜高悬”来比喻当官的人能明察是非、断狱清明。唐代诗人刘长卿在《避地江东留别淮南使院诸公》一诗中写道：“何辞向物开秦镜，却使他人得楚弓。”许多官员为了标榜自己清正廉明，都纷纷在公堂上挂起“秦镜高悬”的匾额。可是，或许由于人们对“秦镜”的典故不太熟悉，或许由于人们痛恨秦王的暴政，不愿意把这面镜子和秦朝联系在一起，慢慢地就将“秦镜”讹传为“明镜”，于是，“秦镜高悬”就演变为“明镜高悬”了。

古代官府衙门大堂后墙

纪昀妙解“老头子”

言语，在“孔门四科”中名列第二位，居于德行之后，政事和文学之前。对于古代的平民百姓来说，言语是一项基本的沟通技能，也是一种高超的表达艺术。但是，对于在朝为官者来说，言语更是安身立命、化险为夷的手段，才思敏捷、对答如流，是非常重要的生存本领。

纪昀，字晓岚，历雍正、乾隆、嘉庆三朝，博览群书、才华横溢，是清朝有名的才子。据清末民初徐珂的《清稗类钞》记载，纪昀曾智解“老头子”三个字，不仅免去了杀身之祸，还逗得乾隆皇帝龙颜大悦。

“纪文达（纪晓岚谥号文达，人称文达公）体肥而畏暑（肥胖怕热），夏日汗流浃背，衣尽湿。时入直南书房（去南书房值班），每出，至值庐（侍臣的休息室），即脱衣纳凉，久之而后出。高宗（乾隆）闻内监言，知其如此，某日欲有以戏（戏弄）之。会（适逢）纪与同僚数人，方皆赤身（赤膊）谈笑，忽高宗自内出，皆仓皇披衣（同僚赶紧穿上衣衫），纪又短视（近视），高宗至其前，始（才）见之，时已不及着衣，亟伏御座下（躲在座位下），喘息不敢动。高宗坐二小时不去（离开），亦不言（说话）。”

“纪以（因为）酷热不能耐（忍耐），伸首外窥（窥探），问曰：‘老头子去耶（老头子走了吗）？’高宗笑，诸人亦笑。高宗曰：‘纪昀无礼，何得出（为什么说出）此轻薄之语，有说则可（有说法可以赦免），无说则杀。’纪曰：‘臣未衣（没穿衣服）。’高宗乃命内监代衣之（帮他穿好衣服），匍匐于地，高宗厉声（严厉）继问‘老头子’三字何解。纪从容免冠顿首（从容摘去顶戴并磕头）谢曰：‘万寿无疆之为老（活到万岁叫做“老”），顶天立地之为头（一国之君、万民之首叫做“头”），父天母地之为子（天之骄子、以天地为父母叫做“子”）。’高宗乃悦。”

东道主＝东方道路的主人？

众所周知，“东道主”是主人的代称，但这个词语最早出现于何时？表示什么意思呢？

“东道主”一词，最早见于左丘明所著的《左传》一书中的《烛之武退秦师》：

“晋侯、秦伯围郑，以其无礼于晋，且贰于楚也。晋军函陵，秦军氾南。佚之狐言于郑伯曰：‘国危矣，若使烛之武见秦君，师必退。’公从之。辞曰：‘臣之壮也，犹不如人；今老矣，无能为也已。’公曰：‘吾不能早用子，今急而求子，是寡人之过也。然郑亡，子亦有不利焉！’许之。夜缒而出，见秦伯，曰：‘秦、晋围郑，郑既知亡矣。若亡郑而有益于君，敢以烦执事。越国以鄙远，君知其难也，焉用亡郑以陪邻？邻之厚，君之薄也。若舍郑以为东道主，行李之往来，共其乏困，君亦无所害。且君尝为晋君赐矣，许君焦、瑕，朝济而夕设版焉，君之所知也。夫晋，何厌之有？既东封郑，又欲肆其西封，若不阙秦，将焉取之？

阙秦以利晋，唯君图之。’秦伯说，与郑人盟。使杞子、逢孙、杨孙戍之，乃还。子犯请击之。公曰：‘不可。微夫人之力不及此。因人之力而敝之，不仁；失其所与，不知；以乱易整，不武。吾其还也。’亦去之。”

鲁僖公三十年（公元前630年），晋文公和秦穆公的联军包围了郑国的国都。郑国老臣烛之武会见秦穆公，利用秦晋之间的矛盾，对秦穆公说：“秦晋联军攻打郑国，郑国是保不住了，但郑国灭亡了，对贵国并没有好处。从地理位置上说，秦国和郑国之间隔着晋国，秦国想要越过晋国来控制郑国，恐怕难以做到吧？这样一来，得到好处的只有晋国，晋国的实力增加一分，秦国的实力就减弱一分啊！”秦穆公觉得这话有道理。烛之武进一步说：“如果你不攻打郑国，让我们作为你们东方道路的主人，你们的使者来往经过郑国，郑国可以接待他们，万一缺点什么，郑国一定供应，这有什么不好的呢？况且晋国贪得无厌，四处扩张领土，早就想吞并秦国的土地了。”秦国在西，郑国在东，所以，郑国就是秦国在东方道路上的主人。最后，秦穆公终于被说服了，单方面跟郑国签订和约，晋文公只好退兵了。

三令五申，孙武练兵

“三令五申”，现在说的是上级对下级多次命令和告诫。这个成语的本义，实际上是教育将士应该明确作战的守则，最早可见于《史记·孙子吴起列传》：

“孙子武者，齐人也。以兵法见于吴王阖庐。阖庐曰：‘子之十三篇，吾尽观之矣，可以小试勒兵乎？’对曰：‘可。’阖庐曰：‘可试以妇人乎？’曰：‘可。’于是许之，出宫中美女，得百八十人。孙子分为二队，以王之宠姬二人各为队长，皆令持戟。令之曰：‘汝知而心与左右手背乎？’妇人曰：‘知之。’孙子曰：‘前，则视心；左，视左手；右，视右手；后，即视背。’妇人曰：‘诺。’约束既布，乃设鈇钺，即三令五申之。于是鼓之右，妇人大笑。孙子曰：‘约束不明，申令不熟，将之罪也。’复三令五申而鼓之左，妇人复大笑。孙子曰：‘约束不明，申令不熟，将之罪也；既已明而不如法者，吏士之罪也。’乃欲斩左右队长。吴王从台上观，见且斩爱姬，大骇。趣使使下令曰：‘寡人已知将军能用兵矣。寡人非此二姬，食不甘味，原勿斩也。’孙子曰：‘臣既已受命为将，将在军，君命有所不受。’遂斩队长二人以徇。用其次为队长，于是复鼓之。妇人左右前后跪起皆中规矩绳墨，无敢出声。”

这个故事说的是，春秋时候著名的军事家孙武，携带《孙子兵法》去拜见吴王阖闾。吴王召集宫中180多名美女，让孙武根据自己写的兵法进行训练。孙武将她们分为两队，用吴王最宠爱的两个妃子作为队长，并叫她们每个人都拿着长戟。队伍站好后，孙武问她们知不知道向前向后和向左向右转，宫女们都说知道。于是，孙武拿出铁钺（古时杀人用的刑具），三番五次向她们申戒。说完，便击鼓发出向右转的号令，宫女们不但没有依令行动，反而哈哈大笑。孙武又将刚才一番话详尽地再向她们解释一次。而后又击鼓发出向左转的号令，宫女们仍然只是大笑。孙武就说，不听从号令，这是队长的过错，命令左右随从把两个队长推出去斩首。吴王看见孙武要斩他的爱妃，急忙派人说情，可是孙武依然斩了两位女队长。此后，宫女们无论是向前向后，向左向右，甚至跪下起立等复杂的动作都认真操练，不再儿戏了。

到了宋代，曾公亮曾写《武经总要》一书，对“三令五申”作出明确的解释。所谓“三令”，一令观敌之谋，视道路之便，知生死之地；二令听金鼓，视旌旗，以齐其耳目；三令举斧钺，以宣其刑赏。所谓“五申”，一申赏罚，以一其心；二申视分合，以一其途；三申画战阵旌旗；四申夜战听火鼓；五申听令不恭，视之以斧钺。

孙武

第四辑

民国印象

民国的三大电影公司

1895 年 12 月 28 日，在法国巴黎卡普辛大道 14 号一间咖啡厅的地下室，播放了包括《火车进站》在内的三段影片，是电影在世界上的第一次放映。随着资本主义的殖民扩张，通商口岸的开放，电影传入中国，上海、北京、天津、广州等地先后建立了多家电影院。1905 年，中国首次拍摄了电影《定军山》，由京剧老生谭鑫培主演。1917 年，商务印书馆成立了活动影片部，开始经营电影。进入 20 世纪 20 年代，电影摄制业迅速发展，明星、天一、联华三大电影公司相继成立，摄制发行了多部备受赞誉的电影，到了 30 年代，更是形成了三足鼎立的局面。

1922 年 3 月，张石川、郑正秋等人在上海创办了明星影片公司，这是时间跨度最长的电影公司。成立之初，郑正秋主张电影以“教化社会”为宗旨，主张电影与民族文化相结合，拍摄了多部短片，但是，因为短片在当时不能单独上映，并且美国的影片占据了大半的影院市场，所以，公司不得不拍摄长片。1923 年，公司摄制了《孤儿救祖记》，获得巨大的成功，使公司的国产片赢得观众的广泛认同。不久，公司意识到要保证国产片的销路，必须拥有自营的影院。1925 年，明星公司与百代公司合作，开始建设、承租、吸纳多家电影院，次年，又联合其他公司组成了六合影片营业公司，由此控制了片商和影院，获得了更多的主动权。明星公司的代表作有阮玲玉主演的《神女》（1934 年），代表了中国无声电影时期表演艺术的最高水平；周璇、赵丹主演的《马路天使》（1937 年），标志着中国左翼进步电影的创作走向成熟。

1925 年 6 月，邵氏兄弟（邵醉翁、邵邨人、邵仁枚、邵逸夫）在上海虹口横浜桥创立了天一影片公司，即香港邵氏公司的前身。天一公司没有黑帮靠山和左翼背景，靠商业头脑和吃苦耐劳起家，主张“一只眼盯着艺术，一只眼盯着商业”，注重旧道德、旧伦理，发扬中华文明，力避欧化。公司摄制的电影多以时事、稗史、小说为题材，符合华人大众的口味，非常卖座，后来，包括明星公司在内的上海各大小电影公司联合抵制天一公司的影片，邵仁枚和邵逸夫只好远赴东南亚开拓南洋市场，所幸公司的电影颇受当地华侨的欢迎。明星公司之所以对付天一公司，和各自所走的创作路线不同有关，明星公司受到新文化启蒙思想的影响，偏爱社会道德剧，而天一公司则偏向在传统文化中寻找出路。天一公司的代表作有胡蝶主演的《梁祝痛史》《孟姜女》《义妖白蛇传》

（1926 年），曾掀起古装片的浪潮；粤剧表演艺术家薛觉先主演的《白金龙》（1933 年），深受香港、南洋地区观众的喜爱。

1930 年，罗明佑主持合并华北电影公司、民新影片公司、大中华百合影片公司和上海影戏公司等多家公司，成立联华影业公司。早在 1929 年，好莱坞便开始拍摄有声电影，不再拍摄无声电影，而中国大多数电影院的设施尚未能放映有声片，因此造成无声影片短缺的局面，罗明佑的华北电影公司与黎民伟的民新影片公司合作，拍摄了由阮玲玉主演的《故都春梦》，票房大卖，使国产片得以复兴。联华公司成立后，借鉴好莱坞的制片管理经验，采取独立制片的管理方式，即内部各厂自筹经费拍摄电影，激发了各个合作方的积极性。随着日军侵华，上海电影界中的爱国人士提出了“国防电影”口号，希望拍摄一些能够鼓舞士气、弘扬民族解放的电影。为了响应此号召，联华公司摄制发行了《狼山喋血记》《王老五》和《青年进行曲》，但是，这些影片虽然具有浓厚的爱国热情，却不受观众追捧，使公司失去了不少商业利益。联华公司对自身发展的定位，是在有声电影的制作上与欧美一争长短，于是加大投入，订购收音机，培训有声片制作人。1935 年，联华公司发行了由王人美主演的《渔光曲》，在莫斯科国际电影博览会上获得荣誉奖，成为首部在国际上获奖的中国电影。

30 年代的中国电影，充满了批判现实社会的意味，反映了各阶层人民的生活图景，再现了时代的风貌，是写实主义的电影。这些电影的风格平实质朴，创作者很少干预素材，主张让素材自己说话，客观真实地再现现实的世界，摄影机的运用相对保守，常用长镜头。“九·一八”事件后，随着民族意识的提升，电影的主题多涉及救国救民，传达出团结抗日的信息。受到苏联电影的影响，蒙太奇的观念在此时被引入电影创作之中，尝试以不同部分之间的组合和碰撞产生新的意义和力量，丰富了电影的艺术表现形式。

民国电影《平步青云》宣传海报

金圆券的发行及崩溃

抗战胜利后，国民政府尝试遏制法币的极度膨胀，但以失败告终，为了挽救恶化的财政经济局面，便进行了币制改革。金圆券发行于 1948 年 8 月 20 日，仅仅十个多月，就迅速贬值，引发了空前的通货膨胀。

战后的国民政府重燃战火，造成庞大的军费开支，财政赤字随之剧增，1948 年 8 月，法币的发行额达至战前的 30 多万倍。法币发行量的膨胀引起了物价的飞涨，更加速了法币的贬值速度。

国民政府行政院宋子文内阁，采取了抛售黄金、回笼法币的措施，企图抑制法币的膨胀，控制金融。至 1947 年 2 月，虽然抛售了库存 60% 的黄金，但法币还是增发了 3 万多亿元，回笼的法币仅占其中的三分之一。不久，更是爆发了黄金风潮案，一些权贵大量抢购黄金，做投机的生意，以致中央银行的黄金储备无法满足市场需求，黄金价格暴涨，市场大乱。最终，宋内阁倒台了。

随之继任行政院长的是张群，副院长是王云五。张群以严禁抛售黄金、取缔黄金投机和管制外汇的措施来压制黄金风潮和法币膨胀，同时以抛售敌伪物资、发行短期公债库券来回笼法币。王云五则提出改革币制，但是，因为通货膨胀继续加速，物价继续上涨，不久，张内阁也以倒台告终。

1948年5月，国民政府“行宪国大”，蒋介石就职总统，翁文灏任行政院长，王云五任财政部长，俞鸿钧任中央银行总裁，币制改革拉开了帷幕。

王云五原是商务印书馆的出版商，他的上台曾引起社会各界人士的惊异，立法院对其持不信任的态度。翁内阁组成后，蒋介石要求俞鸿钧和王云五组织专家研究，拿出币制改革的具体方案。俞鸿钧认为币制不宜作根本性的改革，携同不改变法币本位的改革方案赴南京请示蒋介石，不料立即遭到否决。而王云五则整理历年币制改革的资料，草拟了发行金圆券的方案，蒋介石表示同意，指定各专家与王云五一起研究具体实施的方法。

8月19日，行政院通过了王云五的币改方案。次日，《中央日报》刊发了蒋介石关于财经的紧急处分令，公布了金圆券的发行办法，包括金圆券的面额、发行额，折合法币的数额，限于9月30日前收兑黄金、白银、外币，违者没收，将物价冻结在8月19日以前的水平。

金圆券发行初期，百姓迫于压力，纷纷前去银行兑换金圆券。

至 28 日，金圆券发行一周时，已有金银外币高达 2720 余万美元兑换成金圆券。但是，工商、金融资本家因为熟知政府经济危机的内幕，所以想方设法保住手中的金银外汇。蒋经国威逼利诱，胁迫他们登记资产，交出金银外汇，逮捕处死私逃外汇的资本家。同时，又强迫冻结物价，禁止囤积居奇，逮捕违令的商人。尽管蒋氏的铁腕政策使得币制改革在短时间内出现了一定的成效，但背后危机四伏，诸如发行额远超预期、有市无货、生产企业陷入困境等等。

然而，王云五并没有意识到金圆券的潜在问题，9 月 20 日至 10 月 9 日，赴美国出席国际货币基金及国际复兴银行理事会。在此期间，金圆券发行速度明显加快，出现了恶性通货膨胀，商品市场愈见枯竭，蒋经国也因扬子案被迫辞职离沪（孔令侃的扬子建业公司匿藏金银外汇，蒋介石令蒋经国法外开恩）。

10 月 28 日，行政院承认币制改革失败。11 月 1 日，正式宣告放弃限价政策，3 日，翁内阁辞职，11 日，取消金圆券发行限额、允许兑换金银外币。自此，各银行人潮如涌，金圆券迅速贬值，出现挤兑风潮、抢购风潮，全国各地相继停用金圆券。

中央銀行
金圓券
伍拾萬圓
伍拾萬
THE CENTRAL BANK OF CHINA
500,000
FIVE HUNDRED THOUSAND GOLD YUAN
1949
500,000-500,000
AMERICAN BANK NOTE COMPANY.

民国金圆券

北洋政府发行的国内公债

中国近代，最早由政府发行的国内公债，是1894年清政府为筹措甲午战争军费而进行的“息借商款”。后来，清政府又推出了“昭信股票”和“爱国公债”，但都由于应募不足而中途停募。清朝结束其统治后，1912年至1926年，北洋政府扩大了内债的发行规模，总共发行了28种国内公债，发行总额高达6.2余亿元。

北洋政府如此大规模地发行内债，是有一定经济基础支持的。一方面，辛亥革命后，农村经济遭到破坏，资产阶级的地位有所提高，中国的资本主义经济得到快速发展，民族企业如火柴、烟草、面粉等行业如雨后春笋般崛起，大量的资金流入银行。另一方面，银行业在近代有了长足发展，至1911年，本国银行共有30家。这些，都为内债的大量发行提供了条件。

北洋政府大量发行内债，是为了解决拮据的财政状况。根据清朝的财政制度，全国各省的解款构成了中央财政收入的主要来源。但是，武昌起义后，各省纷纷宣布独立，截留了应缴归中央的税款，辛亥革命后不久，袁世凯窃国称帝，中央的税款再度被各省截留，随后军阀连年混战，中央的财政陷入极度困难。北洋政府曾尝试对外借款，不过随着第一次世界大战的爆发，借外债告吹，无奈，1914 年，袁世凯开始设立内国公债局，依靠发行内债来挽救财政危机。

内国公债局聘用“华洋人员”来组织董事会，董事会推选出海关总税务司英国人安格联负责内债款项的出纳等事宜。而偿付内债本息的款项，则存入外国银行。如此一来，内债基金就掌握在帝国主义列强的手中了，这在当时可以提高债信，使本国银行乐于承销，但列强也得以直接干涉我国的财政。

这一时期发行的内债以 1921 年整理内债计划为标志，可以分为前后两个阶段。第一阶段，政府滥发内债，名目繁多，发行总额约在 3.72 亿以上，而大多数内债利息无着，严重影响了政府的信誉。1921 年，财政总长周自齐提出整理内债的计划，整理盘算已经发出了的内债，更换新债票，即日起以各常关收入、关余、盐税、烟酒收入来还本付息。此后，北洋政府继续发行 2000 余万国内公债，由于不受欢迎，又变相发行库券，逢年过节发行，可谓是举债度日。但与前一阶段相比，1922 年至 1926 年，政府内债的发行进入了相对停滞的时期。

北洋政府发行的内债，一半用作军政费用，三分之一用作整理及偿还旧债，只有十分之一用来整理及调剂金融，确实可以说是统治者搜刮和掠夺劳动人民的财富。但是，内债对于当时的社会经济而言，还是起到了一定的积极作用。大量的内债推动了中国银行业的发展。政府的国内公债多由中国银行和交通银行承销，两家银行向政府垫款，以内债作为抵押品，又向市场拆款，私营行庄则依靠内债投资和拆放款来生存。当时银行购买内债获利最高可达 5 分，而市场利率为月息 7 至 8 厘。因为依靠政府借债而获利甚大，银行纷纷成立，至 1925 年，中国已有 158 家本国银行。银行与大规模的工商企业之间，则维持着一定数额的短期融资或长期投资的关系，银行对民族企业的放款，曾高达600余万。所以，内债促使了银行的成立，而银行的贷款，无疑又推动了资本主义工商业的发展，对民族经济的发展来说是有利的。

国民政府公债

叶圣陶、丰子恺与《开明国语课本》

1912年，南京临时政府教育部成立，颁布注重道德教育的教育方针，新式国语课本大量涌现，叶圣陶、丰子恺等肩负编撰小学国语课本的重任。1915年，叶圣陶为上海商务印书馆编写小学国语课本。5年内，商务印书馆和中华书局共出版了12套新式国语课本。

1926年，章锡琛、章锡珊兄弟在上海开办开明书店。1928年，由丰子恺等人发起，次年，开明书店改组成立股份有限公司。叶圣陶、丰子恺等担任书店的编辑，出版有关文学、艺术、史地、科技的刊物、教科书、青少年读物、古籍和工具书。

1929年，《小学课程暂行标准小学国语》规定，国语教学的目标之一是“欣赏相当的儿童文学，以扩充想象，启发思想，涵养感情，并增长阅读儿童图书的兴趣”，教材的选择要“使儿童由兴感而欣赏，由理解而记忆”，“合于儿童学习心理，便于教学”。1932年，《小学课程标准（国语）》规定，国语教学的目标之一是“指导儿童学习平易的语体文，并欣赏儿童文学，以培养其阅读的能力和兴趣”，教材的编选要“依据增长儿童阅读趣味的原则，尽量使教材富有艺术兴趣”，“依据儿童心理，尽量使教材切合儿童生活”。

在这样的课程标准指导下，1932 年，由叶圣陶编写、丰子恺绘画，经国民政府教育部审定，上海开明书店出版了以儿童生活为中心的《开明国语课本》，作为初等小学国语课本，共 8 册。1934 年，叶圣陶、丰子恺完成了高等小学国语课本的编写，共 4 册。12 册的小学国语课本，共 400 多篇课文，一半是创作，一半是有所依据的再创作。

1937 年八·一三事变，开明书店的总店和印刷厂毁于战火，很多书籍，包括《开明国语课本》在内的所有小学教科书，被迫停印。上海沦陷后，张元济等人成立合众图书馆保存抗战中流散的书籍。后来，合众图书馆并入上海图书馆，《开明国语课本》便成为上海图书馆的馆藏书籍。而开明书店，1941 年在桂林设立总办事处，后来迁至重庆，1946 年又迁回上海。自初版至 1949 年，《开明国语课本》共印行了 40 余版次。

《开明国语课本》的课文内容以儿童的口吻，叙说儿童身边的生活小事，例如：“先生说：‘小朋友坐，大家看书。’，小朋友都坐了看书。”；“太阳，太阳，你起来得早。昨天晚上，你在什么地方睡觉？”；“柳条长。桃花开。蝴蝶都飞来。菜花黄。菜花香。蝴蝶飞过墙。飞，飞，飞，看不见，蝴蝶飞上天。”“泉水到了河里，许多朋友欢迎他。太阳光拍拍他的背。小鱼和他游戏。白鹅到河里看他。岸上的麦叶和豆花都对他点头。泉水说：‘这里好朋友很多，我在这里住一下吧。’”此外，还有寓言故事、笑话趣闻、历史传说和儿童歌谣等，课文的编写取材丰富，涉及众多的方面。《开明国语课本》出版后，虽然有少数人士非议其语言过于直白，但因为内容紧密联系儿童的生活，符合儿童的学习心理，而且插图精美，能够激发儿童的学习兴趣，课本在当时受到绝大多数教育工作者的赞誉。

晚清民国时期还有不少优秀的国语课本，如《澄衷蒙学堂字课图说》《商务国语教科书》《世界书局国语课本》等等。这些老课本对于现今的语文课堂教学乃至教材编写而言，仍具有一定的参考价值。

愿岁月太平
——太平轮事件的始末

1949年，国民党败退台湾，中华人民共和国成立。在这战争与动荡充斥着的年代里，有一些值得我们铭记的人和事，早前被政局的纷扰所淹没，渐渐退出人们的视线范围，太平轮事件就是其中之一。

太平轮是一艘运输货轮，1948年7月15日启航，1949年1月27日沉没，用作上海与基隆之间的商务航班和内战逃难船。太平轮沉没当晚正值小年夜，旅客归家心切，都想赶在除夕前乘坐此船到台湾与家人团圆，展开一家老少安居台湾的新生活。各政府机关的报表文件、中央银行的卷宗和银元银砖、国民党的党史资料和商旅的账册等珍贵档案，甚至钢铁等工业原材料都在这条船上。由于宵禁时期夜间务必熄灯行船、逃难大军蜂拥上船导致严重超载和船员饮酒作乐玩忽职守等缘故，太平轮在舟山群岛附近海域与一艘货船相撞后沉没，酿成仅四十人幸存、千余人遇难的海上惨剧。

一、命运之船

1949年最后一班太平轮，是“命运之船”，它给那个不平凡的年代带来了巨大的震撼，给活着的人带来了命运的大洗牌。

“命运之船”给幸存者和轮船公司工作人员的人生增添了传奇的色彩。香港公益广告红人、最年长的马拉松选手叶伦明，当年被澳大利亚军舰救起，与台湾的家人失去了数十年的联系，后来得知妻子已经改嫁，便孤身定居香港，以长跑纪念六十年前在太平轮上无缘活下来的伙伴。国民党的国防部参谋少校葛克，本想带着妻子家小安居台湾，怎料海难夺去了妻儿的生命，自己在送院救治时结识了相伴余生的另一位伴侣。台北中联公司的会计蒉兆敏，在海难发生后没有逃避责任，独自留守公司面对死难者家属的质问，后来被关进看守所，释放后与大陆的家人失去联系，以买卖二手电器和聆听古典音乐度过余生。如果没有这场灾难，他们的人生也许不会那么跌宕起伏，也许可以和家人过上平淡幸福的日子。虽说叶伦明、葛克和蒉兆敏最终都找到了属于自己的别样人生，都能够勇敢地面对新生活，但是，对于寻常百姓而言，大多不希望人生太坎坷，而太平轮事件却使他们失去了生活应有的安稳。

“命运之船”夺走了年轻男士的生命，夺走了他们所在家庭的经济来源。这些年轻男士大多在解放战争初期携带家眷迁至台湾避难，但自己仍然频繁往返海峡两岸从事商贸活动。旧中国的女性在经济上依附于男性，丈夫或父亲是家庭唯一的支柱，家庭支柱的倒塌使得这些孤儿寡母的生活瞬间从天堂跌入地狱。台北政要林月华的父亲死于这次海难，她是母亲的遗腹女，出生不久被养母秘密带走，生母替人做裁缝为生，母女直到晚年才相认，才得以享受迟来的亲情。台湾第一代棒球评论家张昭雄生在富裕之家，父亲从事多角贸易，是时任旅粤台湾部副主席，父亲遇难后，母亲无法接管丈夫的公司，股份资产尽失，只能带着九个儿女裁缝衣服自力更生。世界著名刑事鉴识专家李昌钰生在世代经商、食客众多的家庭，父亲意外丧生后，子女求学困顿，因为舍不得穿母亲做的新鞋，李昌钰曾光脚上学。东势百年熏樟业传人吴能达，是台湾客家庄的富家子弟，父亲在返台途中遇难，吴能达到派出所当工友，代打猪印、打扫卫生、替警察家眷当小工，十三年后终于继承了父亲的制樟业。林月华、张昭雄、李昌钰和吴能达，他们尚在金色童年便与寡母相依为命，但却没有失去生存的勇气，一点一滴积累生活资本，从悲痛中奋起，最终跻身于社会成功人士的行列，“化悲痛为力量”在他们身上得到了最佳的诠释。

二、内战与迁台

太平轮事件无论是对于幸存者还是遇难者的家属来说，都是一场牵扯着千余人命运流转变换的时代悲剧。悲剧之所以发生，熄灯行船和严重超载是客观原因，由蒋介石发动的国共内战导致的逃亡浪潮无疑是罪魁祸首。1948 年秋三大战役打响，各省平民涌入上海，出现举家南迁逃亡的现象。台湾中央研究院近代史研究所曾出版多部口述史，详细记载辽沈战役后各地公教人员及其家眷逃亡台湾的史实。国民政府早在三大战役打响时就有了将台湾作为根据地与中共对抗的打算。1949 年 1 月 5 日陈诚入台主持政务，1 月 21 日蒋介石下野，组织策划向台湾抢运金钱物资。直至 4 月 21 日人民解放军横渡长江前，国民政府已经把中央银行的国库储存、重要工厂的机器设备、故宫博物院的珍藏等运到台湾。兵败如山倒的战争态势伴随着政府的迁台计划，政局的动荡牵动着百姓的神经。1948 年秋出现的逃亡现象逐渐发展为逃亡浪潮，太平轮事件后大逃亡浪潮正式形成。在 1949 年上半年的大撤退过程中，国民政府动用军舰和民用商船运送迁台的民众，百姓深受战火困扰，跟随节节败退的政府撤退台湾。所以，如果把 1949 年 1 月 27 日的太平轮事件放在时代的大背景中去理解，就会发现这是人民群众在硝烟弥漫的内战环境下逃难、迁居到台湾过程中发生的悲剧，是国民党败退台湾的时代的血泪史。

国民党败退台湾之初面临政治、经济、军事等方面的困扰，蒋介石亟需对国民党进行改造，海峡两岸两种不同的政权自此紧张对峙，剑拔弩张半个世纪。种种的原因使得太平轮事件遭到冷藏，上海档案馆中相关的档案数据从来没有被开封，直至2005年台湾资深媒体工作者张典婉的到来，那尘封许久的失落的时代方被唤醒。张典婉参与凤凰卫视《寻找太平轮》纪录片的采访工作，写有《太平轮一九四九：航向台湾的故事》一书。她唤醒时代悲剧的方式，不是从一堆泛黄的档案中抽取相关素材编纂成书，而是去采访生还者和死难者的家属，整理分析这些口述史稿，与档案、报刊等文献史料互证，呈现出太平轮事件的始末以及与之相关的人的故事。通过生还者和遇难者后人之口，太平轮的血泪史栩栩如生地重现在我们面前。这就是口述史的魅力，打破英雄人物和家国大事垄断历史的格局，让小人物说话，唤醒属于百姓的沉睡已久的历史。

1949年1月27日的太平轮，搭载着千余旅客及其家属的命运，满载着远离硝烟的愿望，在漆黑的夜空下缓缓驶向四季如春的台湾。六十多年过去了，活着的人的回忆与控诉不能换回逝者的音容笑貌，只能默默地祝愿岁月太平安好。

游轮

第五辑

史海泛舟

也说《左传》神鬼之事一二则

谈论神鬼之事的经典著作，莫过于《聊斋志异》和《阅微草堂笔记》，清人借神鬼灵狐木魅花妖寓言，议论说理，劝善惩恶，反映世风民情。实际上，早在春秋时期的《左传》中，就已经有了关于神鬼轶事的记载。《左传》中的神鬼轶事有福善祸淫、因果报应的色彩，且举一二则为例。

庄公八年，齐襄公在游猎时遇见公子彭生化作野猪高声啼叫，“齐侯游于姑棼，遂田（打猎）于贝丘。见大豕（猪），从者曰：‘公子彭生也。’公怒曰：‘彭生敢见。’射之，豕人立（站起来）而啼。公惧，队（坠）于车，伤足丧履。”不久，齐襄公在内乱政变中被杀，公孙无知继位。公子彭生是齐国的大夫，齐襄公与其妹乱伦私通，设宴招待妹夫鲁桓公，随后派公子彭生护送鲁桓公回译馆，并在途中将桓公杀害，事后，襄公杀彭生以搪塞鲁国。如此说来，齐襄公受公子彭生死后所化之猪的惊吓，是他不仁不义的报应。

僖公十年，齐国、秦国拥立既善猜忌又爱争强的夷吾为国君，是为晋惠公。秋日，晋国大夫狐突在曲沃幻见已故太子申生，申生告知他，夷吾无礼，已请求天帝以秦代晋，“余得请于帝矣，将以晋畀秦，秦将祀余。”狐突恳求不要让晋国断绝祭祀，申生答应重新请求天帝，“许之，遂不见。及期而往，告之曰：‘帝许我罚有罪矣。’敝于韩。”天帝仍然坚持要惩罚有罪的人，夷吾将在韩地大败。四年后，秦晋交战（韩之战），晋惠公果真被秦军俘虏。太子申生和夷吾同为晋献公的儿子，献公宠幸骊姬，申生被迫自缢而亡。献公死后，晋国陷入内乱，夷吾继位，罗织罪名杀害申生的拥护者里克。申生已是含冤而死，连亲信也遭新君陷害，从孝义上来说，申生不可能怪罪父亲晋献公，只能为里克讨回公道，惩罚晋惠公夷吾了。所以，晋惠公遭此一劫，是应有的报应。

《左传》关于神鬼之事的记载还有很多，如晋景公梦见赵氏的厉鬼、晋厉公的鬼魂击中荀偃等等。当然，上述两件事情可以从客观的角度来分析。

就前者而言，齐襄公为人不守信用，待人无礼，不配为一国之君。在叙述彭生化身惊齐侯一事之前，作者交代了齐襄公没有按照约定的时间更换戍守将士，还有私自降低堂弟公孙无知的礼仪待遇的事情。齐襄公怠慢公孙无知，又失信于将士，而后遭遇恐吓，不久即被刺杀，最后公孙无知被拥立登基，齐国失势的臣子有联合公孙无知恫吓、谋杀君主的嫌疑。

就后者而言，晋惠公背信弃义，骄傲自大，亦不配为一国之君。在叙述韩之战一事之前，作者交代了晋惠公打击晋国旧臣，拒绝接纳先王诸子，背弃给大夫、秦伯奉上城池的许诺，在秦国遭遇饥荒时不予搭救，战前又不听从大臣的劝告等事情。因此，在韩之战中，秦军大败晋军，晋惠公被俘虏也是符合情理的。

作者并没有在书中给这些事件的前因后果作出明确细致的解释，给后人留下很大的想象、推测和思考的空间。

神道设教，说神说鬼的目的在于奖善惩恶、劝喻世人。《阅微草堂笔记》《聊斋志异》记述了不少神鬼通灵、决断世人福祸生死的事情，说的也是这个道理。齐襄公、晋惠公无道，终将遭到惩罚，受因果报应之苦。因果报应虽然是佛家的说法，但是，如果从现实的角度来解释，结怨甚多的人遭到报复也是情理之中，所谓失道者寡助。世人皆欲避祸就福、逢凶化吉，实际上，不做不仁不义、损人利己之事，日行一善，得道者自然多助。

扮猪真的能吃老虎？

俗语“扮猪吃老虎”，常常用来形容那些隐藏自己的实力、装傻卖呆使对方上当的人。这种不露锋芒、假装胡涂的行为表现，是今人诡诈还是古已有之？“扮成猪”，真的能“吃掉”“老虎”吗？

在中国历史上，有不少扮猪吃老虎的人，他们假痴不癫，以麻痹对手，在不经意间将其一举击败。

一、李牧大破匈奴

据《史记·廉颇蔺相如列传》记载，匈奴屡犯赵国边境，李牧奉命驻守雁门，以防匈奴袭击。李牧犒赏士兵，训练士兵骑射，并暗中刺探敌情。匈奴多次侵袭，李牧都下令退兵防守，匈奴以为李牧怯战。赵王误会李牧，另派将领接替，新将主动迎战，结果伤亡惨重。不久，李牧官复原职，继续坚守不战，直至军队兵强马壮，才与匈奴决战。战时，李牧又假装战败，先让对方俘虏一些人马，然后诱使匈奴率大军入侵，最后一举击破匈奴。

兵家认为，伪装，是克敌制胜的法宝。《孙子兵法·计篇》有言，“兵者，诡道也。故能而示之不能，用而示之不用，近而示之远，远而示之近”。有能力进攻却伪装成没有能力，想要采用某种战术却伪装成不采用，在近处却伪装成在远处，在远处却伪装成在近处。

二、司马懿诛曹爽

据《资治通鉴·魏纪》记载，大将军曹爽骄奢无度，总揽大权，与冀州刺史孙礼交恶。孙礼拜访太傅司马懿时，哭诉天下形势凶险，司马懿让他忍耐。等到李胜出任荆州刺史，向司马懿辞行时，司马懿假装穿不了衣服，也喝不下粥，又故意听错李胜的话语，使得李胜误以为他神志不清、病入膏肓。果然，李胜转告曹爽，说司马懿已经奄奄一息了，于是曹爽便对他疏于防范。这时，司马懿却在暗中谋划除掉曹爽。趁皇帝谒高平陵、曹爽随行之际，司马懿带兵占领了武库和军营，又上奏皇帝数落曹爽的罪状。曹爽回到家里后不久，即被抓捕诛杀。

三、石勒假降杀王浚

据《资治通鉴·晋纪》记载，王浚自置百官，欲自立称帝，骄横霸道。石勒打算消灭王浚，接受张宾的建议，故意向王浚请降归附。王浚派使者前来探访，石勒藏起强壮的士兵和精锐的武器，把老弱残兵和虚空的府账展示给使者看，并且跪拜使者接受王浚的书信，又日夜朝拜王浚送来的尘尾，声称要亲自前往幽州支持王浚称帝，使得王浚误以为石勒忠实可靠。其实，石勒早就在为攻打王浚作准备，派人暗中调查王浚的政事了。次年，石勒正式出兵攻打王浚，先以赠礼为由，驱赶千头牛羊入城，然后烧杀抢掠，斩杀王浚。

“扮猪”，深藏不露，在中国人的眼中，是一种智慧和美德。儒家和道家认为，潜藏，是高尚的精神品格。《周易》乾卦的象辞是“潜龙勿用”，龙用来比喻那些有美德而隐居的君子，有才华而远离尘世，不随波逐流。《老子》云，“大巧若拙”，灵巧的东西看起来好像很笨拙。《中庸》云，“君子之道，暗然而日章”，君子是深藏不露的。

在金庸的武侠小说里，也不乏扮猪吃老虎的人，他们毫不起眼，却在紧要关头显露出绝世的武功，令人咋舌。《射雕英雄传》里的郭靖，憨厚老实，竟能在华山论剑中战胜武林前辈，赢得天下第一。《天龙八部》里的扫地僧，在少林寺打扫灰尘，竟在少林遭遇浩劫时展示出深厚的武功，并且洞悉一众武林人士的恩怨。小说与现实有着千丝万缕的联系，小说世界里的人，在现实生活中总能找到他们的影子……

六祖惠能避难之谜

韶州（今韶关）曹溪，因曹溪村而得名，相传曹操的后人曾定居此处，今为南华寺的所在地。禅宗六祖惠能大师在黄梅得法后，再度暂住曹溪，但不久便遭恶人追逐，被迫离开曹溪避难。

关于惠能避难一事，查阅文献，可见两种不同版本的记载。

一是黄梅得法南归后，惠能到达曹溪，但被恶人追赶，便离开曹溪避难。惠昕本《坛经》、大乘寺本《坛经》、《六祖大师法宝坛经》、《曹溪大师别传》是这样说的：

“惠能后至曹溪，又被恶人寻逐，乃于四会县避难。”

“某甲后至曹溪，被恶人寻逐，乃于四会县避难。”

“惠能后至曹溪，又被恶人寻逐，乃于四会避难。”

“能大师归南，略到曹溪，被人寻逐。便于广州四会、怀集两县界避难。”

二是黄梅得法南归后，惠能到达曹溪住在宝林寺（南华寺），但被恶人追赶，放火焚烧前山，惠能躲入石头间逃过一劫，随后离开曹溪避难。《六祖大师传》是这样说的：

“师因是得归曹溪，居民曹叔良等重修宝林寺延师居之，越九月余日，又被恶人寻逐，师乃遁于前山，被其纵火焚烧草木，师隐身挨入石中得免……遂行乃隐于四会县避难猎人队中。”

两种记载最大的不同之处，在于惠能是否曾在宝林寺（南华寺）前山的石头间躲过大火之劫。清修《曹溪通志》指出，在宝林寺（南华寺）的前山有惠能避难的石头：“避难石在寺南五里，三石品列其中独巨。师居宝林，九月忽然心动，预知恶党寻害，遁于前山。恶党果至，遂纵火焚草木，师隐身挨入石中得免。石色红紫，深二三尺，宛如一龛，旧经云：‘今有师趺坐膝痕及衣布之纹，故名。’”今曹溪南华寺附近确实有所谓的六祖避难石，石头上确实有红紫色的纹路，但是，此处属于丹霞地貌，这种色泽和纹理应该是天然而成，与焚烧、坐痕无关，《通志》的描述过于神化。

惠能为什么在得法南归曹溪后被恶人追赶呢？有学者根据一代一人的嘱咐制和一些禅师弘法有难的例子，认为惠能是受法有难，“以惠能的年龄及身份——二十四岁的在家行者，如公开付法，想不争不害，怕是不可能的”。更有学者认为惠能受法有难与神秀不能得法有关，师兄弟追寻惠能是在替神秀打抱不平，“弘忍先是属意于神秀，想把第六祖的位置传给神秀……在师兄弟们的眼里，神秀必然是一个受到极高尊敬的人。但是，最后第六祖的位置却落在一个一字不识，而又新来的师弟身上；这也就难怪师兄弟们含有不平之心了……这个樵夫便南下大庾岭，躲过了神秀一派的暗算”。今南华寺内的高僧也认同惠能受法遭人嫉妒而有难的说法。实际上，神秀是敬重惠能的，在惠能出家剃度返回曹溪开坛说法后，神秀曾向唐中宗、武则天推荐惠能，让唐王向惠能请教佛法，“南方有能禅师，密受忍大师衣法，可就彼问”，“神秀尝奏则天，请追惠能赴都，惠能固辞。神秀又自作书重邀之”。所以，惠能得法后，神秀不大可能加害于他。

所谓惠能被恶人追赶而避难，更有可能是逃避政府的赋役。唐代前期实行以均田制为基础和前提的租庸调制和府兵制。凡均田人户均需按丁纳税并服徭役，18 岁到 20 岁的中男和 21 岁到 59 岁的丁男属于均田人户。府兵的兵员，来自中男和丁男，需要轮番宿卫京城。官僚贵族有豁免租庸调的特权，府兵兵员选择六品以下官员的子孙以及无职役的白丁。所以，对于平民百姓而言，男子的负担是很沉重的，不少人都选择流亡，成为隐户，不在当地受田，不入户籍也不纳税服役。政府为推行这些制度，每年造计账，每三年造户籍，以确保对户口的控制。当时的惠能虽然从弘忍处得法，但是尚未剃度受戒成为僧侣，属于要纳税服役的丁男，四处躲藏以逃避官府的搜检是有可能的。王维曾为惠能写碑铭，言及“禅师遂怀宝迷邦，销声异域，众生为净土，杂居止于编人，世事是度门，混农商于劳侣”，就是说惠能混杂在百姓僧侣之间不愿受编入户。

由于文献对此事的记载极不明确，今曹溪南华寺附近的相关史迹以及寺内僧侣的说法也真假难辨。所以，六祖惠能在黄梅得法后如何避难、为何避难，终究是难解之谜。

听故事，学历史·教学花絮

我喜欢读历史，也喜欢讲历史。

我希望，我的学生可以从古代文献中获取历史知识，如果可能的话，研读一手史料，考察文物古迹，是最好的了。我给学生讲历史，会带领他们阅读史书，比如《史记》《左传》《三国志》等，通过一个个故事，让学生感受历史，理解历史。听故事总比死记硬背要有趣得多，孩子们表示很喜欢，一是喜欢追看情节，二是喜欢品评人物。

稍大的学生，不时会提出一些有意思的问题来。比如……

问：“郑庄公故意纵容亲弟弟，齐桓公弑兄继位，管仲不能从一而终，都不是好人。究竟谁是好人？谁是坏人？

答：人性是多面而立体的，在法律许可的范围内，不存在绝对的好与坏。在不同的角度，不同的环境下，好与坏是可以相互转化的。

以前当学生的时候，我也曾经有过类似的疑问。实际上，像好与坏的界限这样的问题，已经超越了历史的范畴，与其说是在思考历史，不如说是在思考人生。或许，我现在的回答并不是最恰当的，抑或，这类问题根本就没有最恰当的答案。我们不断阅读，不断行走，不断经历，不断思考，也就会不断提出问题，不断回答问题。人生的问题，还是用一辈子来回答，较为妥当。

能通过读史书来学历史的学生，大多是上了中学的，有一定的阅读和思考能力。太小的孩子，就不适合给他们讲解如此复杂的故事了。市面上某些启蒙读物收录有曹植的《七步诗》，我认为是欠妥的。

看尽历史上的悲欢离合、恩怨情仇，我希望，我的学生可以用一种慈悲的眼光看待这个世界，拥有一颗平和、平静的心。人生匆匆数十载，平淡也一生，辉煌也一生，青史留名亦好，籍籍无名亦罢。青山依旧在，几度夕阳红。后之视今，犹今之视古……

滚滚长江洗盛名·旧时诗作

喜爱读史，偶亦咏史。

五言绝句：

塞下除夜

除夜闻芦管，解鞍倚的卢。（韵）

长安传羽檄，蓟北梦屠苏。（韵）（上平七虞韵）

边塞诗多是男性所作，有雄伟阳刚之美，我一小女子，以新岁为题作边塞诗，游戏一番。

注：

芦管：乐声缠绵悱恻、哀怨动人，盛行于唐代，是少数民族地区的乐器，李益有“不知何处吹芦管，一夜征人尽望乡。”

的卢：刘备的坐骑，辛弃疾有“马作的卢飞快，弓如霹雳弦惊。”

羽檄：紧急的军事文书，插有鸟羽，鲍照有“羽檄起边亭，烽火入咸阳。”

蓟北：唐代设置蓟州（即蓟县），蓟北是蓟州北部的山区，是关塞险要的地方。

屠苏：合家欢过年喝屠苏酒，一说是正月初一时喝，一说是除夜守岁时喝，文天祥有“无复屠苏梦，挑灯夜未央。”此处梦屠苏，意思是战事又起，新岁不得归家团聚。

七言绝句：

寻介庙遇雨

绵山暮雨草茵茵（韵），古庙阶前柏色新。（韵）

可叹文公修霸业，平生犹悔负贤臣。（韵）（上平七虞韵）

关于介子推、晋文公、介庙和绵山的典故：

介子推，又名介之推，后人尊为介子，春秋时期晋国人。当晋文公还是晋公子重耳的时候，因为骊姬之乱，被迫逃亡在外19年，介子推作为随行者之一跟随公子重耳，曾割股给重耳充饥。晋文公登基后，未能及时行赏，介子推又鄙视其余的随行者主动请赏的行为，就隐居绵山不言君禄。后来，介子推写了一首诗表明心迹，晋文公得知后，想召回介子推，便亲自寻访绵山。因为求人心切，晋文公下令放火烧山，介子推至死不肯出山，与母亲一同烧死在柳树下。晋文公悲痛万分，在绵山的柏树林中建了一座介庙，又把介子推的忌日定为禁火日，即是后来的寒食节。后来，有学者查证史料，认为这个故事形成于汉文化成熟后，是依据一定的历史事实，再加入许多民间传说的想象元素拼凑而成的。

七言绝句：

忆谢公

争棋赌墅万军平（韵），道子一言黄钺轻。（韵）

若料浮云终蔽日，东山留醉待天清。（韵）（下平八庚韵）

注：

争棋赌墅：典出《晋书·谢安传》，淝水之战前，谢玄派张玄前去请示谢安，“安遂命驾出山墅，亲朋毕集，方与玄围棋赌别墅……玄等既破坚，有驿书至，安方对客围棋，看书既竟，便摄放床上，了无喜色，棋如故”。

道子：孝武帝同母异父的弟弟司马道子，任用小人向孝武帝进谗言诋毁谢安。

黄钺：一种仪仗，是以黄金为装饰的斧头，帝王用来赐给征伐有功的大臣，以显示其威望。淝水之战获胜后，谢安“进拜太保”，又“加黄钺”。

东山：谢安早年隐居此处与名士游山玩水。

七言绝句：

说王导

太息平生负伯仁（韵），奏章竟比往情真。（韵）

不知狂傲非良友，怎向幽冥把恨申。（韵）（上平十一真韵）

注：

王导与周顗（周伯仁）之间的故事，可见于《晋书·周顗传》：“王导甚重之，尝枕顗膝而指其腹曰：‘此中何所有也？’答曰：‘此中空洞无物，然足容卿辈数百人。’导亦不以为忤。又于导坐傲然啸咏，导云：‘卿欲希嵇、阮邪？’顗曰：‘何敢近舍明公，远希嵇、阮。’……初，敦之举兵也，刘隗劝帝尽除诸王，司空导率群从诣阙请罪，值顗将入，导呼顗谓曰：‘伯仁，以百口累卿！’顗直入不顾。既见帝，言导忠诚，申救甚至，帝纳其言。顗喜饮酒，致醉而出。导犹在门，又呼顗。顗不与言，顾左右曰：‘今年杀诸贼奴，取金印如斗大系肘。’既出，又上表明导，言甚切至。导不知救己，而甚衔之。敦既得志，问导曰：‘周顗、戴若思南北之望，当登三司，无所疑也。’导不答。又曰：‘若不三司，便应令仆邪？’又不答。敦曰：‘若不尔，正当诛尔。’导又无言。导后料检中书故事，见顗表救己，殷勤款至。导执表流涕，悲不自胜，告其诸子曰：‘吾虽不杀伯仁，伯仁由我而死。幽冥之中，负此良友！’”

词：

鹧鸪天·过吴宫

暮色深深入鄂城（庚平韵），荒池衰木鹧鸪鸣。（庚平韵）

孙刘列炬东风便，赤壁飞烟破贼营。（庚平韵）

图霸业，业难成（庚平韵），向来帝祚有枯荣。（庚平韵）

幽幽野草埋宫径，滚滚长江洗盛名。（庚平韵）（第十一部平声八庚韵）

咏史吊古，以秋日过三国古都作一词。

注：

吴宫、鄂城：三国孙权定都鄂县（鄂城），筑吴王城、吴王宫。

列炬、贼营：孙刘联军火烧赤壁大破曹贼，南宋戴复古有“千艘列炬鱼龙怒”。

野草埋宫径：李白有“吴宫花草埋幽径”。

古代诗人

第六辑

文海拾贝

听雨想事

“少年听雨歌楼上，红烛昏罗帐。壮年听雨客舟中，江阔云低，断雁叫西风。而今听雨僧庐下，鬓已星星也。悲欢离合总无情，一任阶前，点滴到天明。”

或许，听雨算得上是中国古代文人的一桩雅事，又或许，人在下雨的时候创作灵感会达到高峰，以雨为题材的古诗词不在少数。除去特殊的历史背景不说，蒋捷的这首听雨词，没有精雕细琢的词句，朴实自然，描绘了词人不同的年龄段，在不同的地方听雨的情景，感叹悲欢离合的无情。

今年南方的雨季很长很长，暴雨日以继夜地下着，街道上布满积水。风夹杂着雨，不断变换方向扑面而来，即便是打了伞出门，也会被淋一身湿的。

晴朗的香港是急性子的，是刚毅的，但是，到了下雨天，香港仿佛慢了下来，变得温柔了。车子摇着雨刮，减速前行，生怕打滑，人们举着大伞，抬脚踱步，生怕淋湿。雨水遮挡住了视线，眼前的一切越发模糊，越发有朦胧美。所谓的“慢”，也许只是一种延迟，一种错觉。

小时候，我喜欢在雨中散步或者玩耍，约上三五知己，雨天漫步田径场，玩滑梯秋千。这个时候，人们大多都避雨去了，大街上、游乐场上，最是人少，爱怎么玩都行，无人和你争抢。任凭雨水打落在脸颊上，清凉，舒坦。淋了一身又何妨，回家洗把脸，换上干净的衣服就好了。

长大后，雨中漫步、玩耍，就不是一件畅快的事情了。万一淋雨着凉，生病了，第二天可就不能工作了。不能工作，会带来一连串的麻烦和问题，想想都害怕。尤其是独自一人，客居他乡，更加要千万的小心，格外的留神。

为什么紧张？为什么害怕？因为在乎。越是在乎，越是患得患失。

风不停地吹着，雨水不断地敲打窗户，得赶紧关窗，不然，晾晒在窗边的衣服就要被打湿了。不过，打湿了又何妨？关上窗户，就听不见雨声了，叮叮咚咚，大自然的旋律，不经雕琢。

这里没有雨打芭蕉的声音。然而，雨水似乎“过滤”了汽车的轰鸣声，隔壁家的孩子也不闹腾了，世界顿时安静了许多。

人类的生命体验、思想情感大体还是有相通之处的。在不同的时间、不同的地点听雨，着实会有不同的心情。

游仙？成仙？

游仙诗是魏晋时期重要的文学体裁，当时的道教徒和文人雅士争相创作了大量的游仙诗。郭璞是两晋时期游仙诗的杰出诗人，作为权臣王敦的记室参军，他不愿意追随有谋逆之心的主人，便归隐山林、寄情修仙。由于喜爱结交好道之人，郭璞对道教有深入的了解，所创作的诗篇充满浓厚的玄道气息。从郭璞现存的14首《游仙诗》中，我们可以看出他对长生成仙的追求以及对成仙途径的探索。

郭璞对长生成仙深信不疑，而且渴望能够长生成仙，在《游仙诗》中描绘了仙人的神采和自己与仙人同游的场景。“灵溪可潜盘，安事登云梯”，仙人在灵溪潜隐盘桓，登云梯而升天；“奇龄迈五龙，千岁方婴孩”，五位人面龙身的仙人青春永驻；“左挹浮丘袖，右拍洪崖肩。借问蜉蝣辈，宁知龟鹤年”，浮丘和洪崖是上古仙人，龟鹤是长寿之物，三者都有千百岁的高寿，自己与仙人结伴而行，永享长生；“永偕帝乡侣，千岁共逍遥”，自己与仙人为伴，永世逍遥；“翘手攀金梯，飞步登玉阙。左顾拥方目，右眷极朱发”，自己攀登金梯飞向天上宫阙，与方瞳朱发的神仙一起生活。

郭璞认为通过服食仙药和致虚守静可以长生成仙，在《游仙诗》中描绘了服药和致静的情景，并且强调了二者的重要性。“临源挹清波，陵岗掇丹荑”，丹荑又名赤芝，用清泉送服丹芝仙草可以延年益寿；“陵阳挹丹溜，容成挥玉杯”，上古仙人陵阳子明上山采石脂服食而成仙；“圆丘有奇草，钟山出灵液”，在圆丘和钟山上，生长着吃了可以长寿的芝草和玉脂；“王孙列八珍，安期炼五石”，贵族享用八珍美食，仙人服食五石丹药，八珍美食伤身而五石丹药能延年益寿，要想长生成仙就要远离珍品而服用丹药；“采药游名山，将以救年颓”，服药可以延寿长生；“登岳采五芝，涉涧将六草。散发荡玄溜，终年不华皓”，服用五芝六草可以延年益寿，即便年老，头发也不花白。“清溪千余仞，中有一道士。云生梁栋间，风出窗户里”，修道之人住在清幽之处，云雾缭绕，远离俗世纷扰；“燕昭无灵气，汉武非仙才”，燕昭王因为不能去除欲望，远离贪爱，减少念想，从而导致灵气全无，不能成仙，汉武帝因为形态傲慢，精神污秽，从而导致仙才尽失，不能成仙。

长生成仙是道教的宗教理想和生命伦理观念，道教追求长生的思想理念和探索致虚守静的成仙之道由来已久。相传太上老君在终南山古楼观说经台的老子祠中，曾写下十四字的关于道家养生的对联，是为“玉炉烧炼延年药，正道行修益寿丹”，教人清心寡欲，保持心境空明宁静，方可修养心神、炼养精气，长生成仙。到了魏晋时期，由于世族权臣相互倾轧、政局动荡、战争不断，人们渴望从黑暗的现实环境中获得精神解脱，道教的神仙体系发展壮大。炼丹术士葛洪著有《抱朴子》一书，介绍长寿老物，谈论修仙之法，主张服药延寿，丹鼎道派的仙道理论盛极一时。

郭璞把自己失意的情绪寄托在《游仙诗》中，以释放现实的郁闷，长生成仙成为他意识里最渴望的典范，也是理想的自我。通过对游仙的想象体验修仙、成仙的快乐，山居中的郭璞无论是在现实中还是在精神上，都实现了真正的避世归隐。

郭璞

道教诗词曲：除了急急如律令，还有……

这是影视剧中常见的情景——道士作法时，一边挥舞拂尘，一边呢喃念叨“急急如律令”……这句咒语，其实是属于道教诗歌的一部分。和道教有关的诗词曲，数量繁多，绚烂瑰丽，你知道多少呢？

所谓道教诗词曲，是指反映道教生活、表现神仙意象以抒发超凡脱俗情感的诗词曲，是道教文学、道教文化的重要组成部分，也是中国文学研究的重要专题。

一、道教诗

分为三类，一是炼丹诗，描述修炼内丹、外丹的方法。《太平经》中收录了关于修身养性的口诀《师策文》，“治百万人仙可待，善治病者勿欺绐。乐莫乐乎长安市，使人寿若西王母。比若四时周反始，九十字策传方式。”

二是咒语诗。道教徒认为，咒语具有神谕的性质，不允许任何虚构和随意更改。当咒语以诗歌的形式出现时，便极具气势地表达了强烈的宗教感情，如致雨咒，“五帝五龙，降光行风，广布润泽，辅佐雷公。五湖四海，水最朝宗。神符命汝，常川听从。敢有违者，雷斧不容。急急如律令”。

三是游仙诗，歌咏神仙漫游之情。魏晋隋唐时期，道教盛行，游仙诗大量涌现，在著名诗人曹操、曹丕、曹植、嵇康、阮籍、郭璞、李白、白居易和李商隐的笔下，仙境是浪漫而奇幻的。阮籍写有《咏怀诗》，“仙者四五人，逍遥晏兰房。寝息一纯和，呼噏成露霜。沐浴丹渊中，照耀日月光”，李白写有《梦游天姥吟留别》，“千岩万转路不定，迷花倚石忽已暝。熊咆龙吟殷岩泉，栗深林兮惊层巅”。

二、青词

这是道教举行斋醮仪式时呈献给上天的奏章祝文，用朱笔书写在青藤纸上，又名“绿章”，有以骈文的形式，也有以诗体的形式出现。明代的嘉靖皇帝偏爱青词，多名内阁辅臣以善写青词而得宠，如袁炜曾作长联：“洛水玄龟初献瑞，阴数九，阳数九，九九八十一数，数通乎道，道合原始天尊，一诚有感。岐山丹凤双呈祥，雌鸣六，雄鸣六，六六三十六声，声闻于天，天生嘉靖皇帝，万寿无疆。”

三、道教词

词牌大多与神仙故事有关，像《解佩令》《望仙门》《献仙门》，温庭筠、柳永、苏轼、晏殊等宋代词人都曾写有道教词。温庭筠的《女冠子》，歌咏道姑的情态：“含娇含笑，宿翠残红窈窕，鬓如蝉。寒玉簪秋水，轻纱卷碧烟。雪肌鸾镜里，琪树凤楼前。寄语青娥伴，早求仙。”晏殊的《望仙门》，描绘仙境的情景，“仙酒斟云液，仙歌转绕梁虹。此时佳会庆相逢，庆相逢欢醉且从容。”

四、玄歌变文

以说唱的方式讲述神仙奇异变幻的故事，目的是宣传道教的信仰和教义。《老子化胡经·化胡歌》说道：“我昔化胡时，西登太白山。修身岩石里，四向集诸仙。乐女担浆酪，仙人歌玉文。天龙翼从后，白虎口驰劓。玄武负钟鼓，朱雀持幢幡。化胡成佛道，丈六金刚身。时与决口教，后当存经文。吾升九天后，克木作吾身。”

五、仙歌道曲

即配乐演唱的道教诗词，可分为三类。一是步虚词，指的是道士在举行斋醮仪式时，用来叙说众仙飘渺美态的唱词，如庾信的《道士步虚词》：“丹丘乘翠凤。玄圃御斑麟”“灵驾千寻上，空香万里闻。”二是赞咏词，指的是唐宋时期的道士、文人、帝皇所创作的充满赞咏的道曲，如宋太宗的《太清乐》：“太清乐，太清乐，太清乐处以逍遥。太清乐，紫微瑞色驾青龙。”三是道情，指的是游方道士所演唱的道教故事，通俗易懂，在民间盛行，南方流行曲白相间的“诗赞体”，北方流行“曲版体”。后来，道情吸纳了秦腔、梆子的唱腔、锣鼓，在黄河流域地区形成了以升仙道化、修贤劝善、民间生活为主要内容的“道情戏”，如《高楼庄》《经堂会》《打灶君》等。

像这样的道教诗词曲，散见于大量的经籍文献之中，为人们呈现出道教独特的生命伦理观、奇幻的仙道故事以及神秘的修行方式。通过诗词曲的载体，道教这一信仰拥有了来自社会各个阶层的信众，得到了广泛的传播和普及。

从《聂隐娘》看唐传奇

唐代传奇小说《聂隐娘》，讲述贞元年间魏博大将聂锋之女聂隐娘的故事：隐娘十岁时，被一位尼姑带走，声称是要指点隐娘。五年后隐娘归来，家人问她学了什么，隐娘说，尼姑让她服下药丸，给了她一把宝剑，教她武艺，随后命她去取两位恶人的项上人头，她都做到了。家人听说后非常害怕。不久，隐娘和一位磨镜的少年成亲，父亲去世后，隐娘夫妇成为魏帅的左右吏。魏帅与刘昌裔交恶，派隐娘去行刺刘氏。刘氏神机妙算，恭迎隐娘夫妇，隐娘于是弃魏投刘。魏帅得知后，先后派出精精儿和妙手空空儿前来刺杀他们。精精儿被隐娘打死，空空儿因为隐娘略施小计、行刺不成便扬长而去……

传奇小说的出现，反映了中国古典小说逐渐从萌芽走向成熟。“小说”一词始见于《庄子》：“饰小说以干县令，其于大达亦远矣”，这里的小说，指的是琐碎的言论，至于内容如何，不可得知。西汉的刘歆在《七略》中提及“小说家”的名称，但所记之书后世不传。东汉的班固在《汉书·艺文志》中给“小说家”下了定义：“小说家者流，盖出于稗官。街谈巷语，道听途说之所造也。”两晋南北朝时期，出现了记载传说故事或名人轶事的小说，如干宝的《搜神记》、葛洪的《神仙传》、刘义庆的《世说新语》等。到了唐代，记述奇闻异事的文言短篇小说涌现，名唐传奇。传奇小说产量丰富，除了《聂隐娘》以外，代表作品还有《虬髯客传》《莺莺传》《南柯太守传》《柳毅传》《李娃传》《红线传》《章台柳传》《长恨歌传》《霍小玉传》《梅妃传》《枕中记》《离魂记》《幽怪录》等。这些小说中的一些情节和典故，常常被后世文人所引用，宋元明三代不少戏剧故事，都是在唐传奇的基础上继续演绎创作出来的。

传奇小说的主人公不全是鬼神，而多是人，或是才子佳人，或是英雄侠客，总之，是生活在现实社会中有着各种各样性格的人。像《聂隐娘》和《红线传》，主角是参与到地方官吏斗争中的刺客侠士，反映了安史之乱后藩镇割据，各股地方势力之间相互斗争仇杀的社会现实。再如《李娃传》和《霍小玉传》，主角是情路坎坷的世族子弟和妓女，反映了唐代士人以迎娶大家闺秀为荣的等级森严的婚姻状况。大唐经济文化的繁荣为传奇小说提供了无限宽广的创作空间，小说塑造的人物形象鲜明，具有浓厚的现实和时代气息。

虽然传奇小说包含了丰富的社会内容，但是，也加入了很多纯粹想象的元素。像《聂隐娘》中描述隐娘与精精儿打斗，说是有红白两面旗帜在床的四周击打旋转，随后有一个人从空中掉了下来。又描述空空儿的神术，说是人不能看见他的变化，鬼不能跟随他的踪影，他能从虚空进入阴间，能用无形攻击有形。再如《梅妃传》中描述梅妃的魂魄进入唐玄宗的梦境，诉说皇上逃难时，自己死在乱兵手中，有人把她安葬在梅树下，玄宗前去挖掘，果然找到尸首。这些记述都超越现实，既惊悚又刺激，要说这样写有什么意义，只能说是纯粹瑰丽奇特的想象而已。清人编纂《四库全书》时，发现《幽怪录》中诸多篇章已经残缺，但编者却认为残缺也无妨，因为无关风教。明人、清人注重道德教化，做文章讲究社会意义，即便是谈论怪力乱神、奇闻异事，也要奖善惩恶。而唐人，是真爱浪漫，爱作不受现实羁绊的无边无际的想象，一面描写现实社会中的人，一面却赋予他们高于现实的特质，不论有无实际的意义。

侯孝贤导演的《刺客聂隐娘》拍得如何，见仁见智，不过，随着电影的上映，倒是使不少观众对唐传奇产生了兴趣。唐传奇不只有《聂隐娘》，其余的小说也很精彩，茶余饭后，不妨一读。

失恋也可以写打油诗?

在鲁迅先生的散文诗集《野草》中，有这样一首题为《我的失恋》的拟古新打油诗：

我的所爱在山腰；想去寻她山太高，低头无法泪沾袍。
爱人赠我百蝶巾；回她什么：猫头鹰。
从此翻脸不理我，不知何故兮使我心惊。

我的所爱在闹市；想去寻她人拥挤，仰头无法泪沾耳。
爱人赠我双燕图；回她什么：冰糖葫芦。
从此翻脸不理我，不知何故兮使我胡涂。

我的所爱在河滨；想去寻她河水深，歪头无法泪沾襟。
爱人赠我金表索；回她什么：发汗药。
从此翻脸不理我，不知何故兮使我神经衰弱。

我的所爱在豪家；想去寻她兮没有汽车，摇头无法泪如麻。

爱人赠我玫瑰花；回她什么：赤练蛇。

从此翻脸不理我，不知何故兮——由她去罢。

所谓拟古，是指模仿东汉张衡《四愁诗》“我所思兮在……何为怀忧心……”的格式。创作的动机，鲁迅先生自说是为了讽刺当时盛行的“阿呀阿唷，我要死了”“阿唷！我活不了，失了主宰了！”之类无病呻吟、无聊消沉的失恋诗。这首诗写于1924年，最初发表在《语丝》周刊，时至今日，读起来依然诙谐有趣，又意味深长。

“我”之所以失恋，“她”之所以翻脸不理我，是因为我们的地位、价值观存在巨大的差异。“她”在山腰、闹市、河滨、豪家，“我”却觉得山太高、人拥挤、河水深，也没有汽车。“我”和“她”的生活背景是不同的，并且这鸿沟是不可逾越的。“她”赠“我”百蝶巾、双燕图、金表索、玫瑰花，“我”却回“她”猫头鹰、冰糖葫芦、发汗药、赤练蛇。“我”和“她”所钟爱的东西是不同的，并且没有沟通的可能。

在面对失恋的问题时，“我”经历了情感态度的变化。起初，“她”拒绝“我”，“我”感到心惊、胡涂，甚至有些神经衰弱。但到了最后，“我”终于从困惑和惶恐中走出来了，泰然处之，既然追不到，既然不合适，那就由“她”去吧。这种乐观豁达，对于那些失恋了就要生要死的人来说，无疑是来了当头的一棒。

有研究者认为，这首诗暗讽新月派诗人徐志摩。徐志摩与林徽因曾有过一段爱情纠葛，但是二人门户不相当，人生经历也不相同，徐志摩以失恋告终。徐志摩似曾托名写下《明星与夜蛾》，以表达对林徽因的爱慕，在文句上与《我的失恋》有相通之处，《我的失恋》中的某些名词也似是出自徐志摩所作的诗文。而鲁迅先生也曾经表示，自己不喜欢做新诗，更不喜欢徐志摩的诗，所以，创作这首失恋打油诗似乎是另有所指。

当然，这只是一家之言，这首诗可以从很多不同的角度来解读。然而，不管这首诗有什么深层的含义，它都从侧面传达出鲁迅先生关于爱情的两种看法。一是恋爱的双方要有相近的价值观，这与两人的背景地位有关。二是要拿得起，放得下，即使失恋，也不要消沉。每个人都有自己的情史，都有自己的爱情观，这两种看法正确与否，见仁见智，诸君亦不妨仔细玩味。

深山藏古寺

锦石岩寺，藏身于韶关丹霞山悬崖绝壁间的大小岩洞之中。早在唐朝末年，就已经有僧人在此修行了，北宋熙宁年间正式建寺，至今已有上千年的历史。

我是在游览丹霞山时无意间来到锦石岩寺的。那是一个炎热的夏天，沿着石板阶梯拾级而上，一个多小时，我来到了丹霞山的半山腰。放眼望去，前方有两条路，一条是登顶的，崎岖险峻，一条是通往锦石岩寺的，平坦低缓。我气喘吁吁、汗流浃背，背包里的水快喝完了，便打消了登顶的念头，选择了通往锦石岩寺的山路。

这条路虽然比登顶的路要平缓，却是蜿蜒曲折，在山间不断盘旋。九转十八弯后，正惆怅路在何方，忽觉清风扑面，夹杂着袅袅禅乐，在群山环抱中显得格外空灵。循声而去，不一会儿，见岩洞若干，状似佛龛，名曰“梦觉关”。相传北宋徽宗时，居士法云至此，感慨半生如梦，今始觉清虚，“梦觉关”因而得名。

再走一阵子，便来到了锦石岩寺。各佛殿建于大大小小的岩洞之中，正对着弯弯曲曲的锦江，环境甚是清幽，置身其中，仿佛与世隔绝，不染尘俗，惟闻钟磬音。沿着悬崖边上连接各个大殿的小道行走，仰望崖壁，尽是摩崖石刻，有“大吉祥”、“天造锦岩”、“南无阿弥陀佛”、“佛光普照”等语，亦有碑刻立于小道旁，盖言寺庙兴衰变迁之事。崖顶瀑布飞泻而下、随风摇曳，水花溅洒脸颊、荡涤心灵。时值晌午，不少尼姑正在五观堂（斋堂）里用膳，堂前有一块菜地，想必她们是自给自足、禅农并举的。我在大雄宝殿外挑选了一本免费赠阅的《地藏菩萨本愿经》，在佛像前许了愿，添了香油钱，蹑手蹑脚地离开寺庙，生怕扰了这儿的清静。

下山途中，闻二人语，一人言己有出家念头，一人笑其疯痴。其实，若是心中自有一片明净的天地，则不论出家与否，均可远离世俗烦忧，心远地自偏是也。沿着山路盘旋而下，回首向来处，绿树掩映，山色苍茫。

消失了的老字号

广州的南华西街区东北至漱珠桥、环珠桥段，西北至京兆里耀华坊，东南至同福西路的龙溪南首约，北临珠江前航道。晚清时期，这里是富人的聚居地，十三行行商在此兴建了大片的宅邸和花园。成珠楼，坐落在漱珠桥畔，原名成珠馆，是伍氏私人所有，后来转让给吴氏经营茶楼，而后由梁氏继承。成珠楼在1746年开业，2000年停业易主，2006年被拆除，有着260年的悠久历史。

成珠楼因小凤饼而闻名。相传晚清时期姓伍的富商，经常在家中与客人饮宴。有一天，一位客人突然前来拜访，他赶紧吩咐婢女设宴招待客人，但是婢女没有任何准备，只好急忙跑去成珠楼，把做月饼剩下的馅料拿回来加工，搅拌均匀，搓在一起做成几块饼，烘焙好后拿给客人吃。客人吃了觉得好吃，主人甚是欢喜，因为做饼的婢女叫小凤，这饼就被命名为小凤饼。后来，成珠楼专门聘请有名的师傅来做饼，小凤饼的制作工艺代代相传，远近驰名，茶楼的生意也越来越兴旺。当然，关于小凤饼的故事还有好几个版本，但基本的情节都是相通的。

20 世纪 30 年代，新建的马路将成珠楼分成两边，生意曾一度受到影响。抗战时期，成珠楼暂告歇业又复业。新中国成立后，公私合营。改革开放后，成珠楼的生意一直都比较稳定，直至 1985 年，一场突如其来的大火烧毁了成珠楼。当时正值秋季，茶楼里客人众多，一个电表因为负荷过大而产生火花，霎时间，木结构的茶楼就被熊熊燃烧的烈火吞没了。1990 年，重建后的成珠楼重新开业。当时的茶楼大多只有风扇，而成珠楼则装有中央空调，许多客人都选择在这里摆酒席。老板做事认真，严抓菜肴的质量，还常常亲自招呼客人。如此数年，因为服务周到、信誉良好、出品上乘，成珠楼的口碑甚好，生意越发红火。但是，由于投资过大，20 世纪末，茶楼的资金周转出现问题，银行拍卖了其抵押的房产。2000 年，成珠楼关门结业，不久被某饮食集团收购，易主更名，数年后被拆除。2002 年至今，老板和几位生意人收回原属茶楼货仓的店铺，开设了成珠饼店，把小凤饼的品牌保留了下来。

几年前，借着做社会调研的机会，我拜访了成珠饼店的经理。在问及是否考虑重开成珠楼时，对方表示，如今饮食业的生意很不景气，难以聘请高素质的员工，来满足顾客对高服务质量的要求。而且，没有好的食材就没有好的菜肴。如今的食材质量退步了，只有烹饪技术在进步，同行大多依靠各种调味料来加强菜肴的色香味，所以顾客吃了之后会感到口干舌涩，久而久之，味觉也就退化了。说到这里，饼店经理的眉宇间流露出一丝无奈。

至于小凤饼，从访谈中得知，是全凭手工制作的，只有人工慢慢地搅拌、糅合馅料，再把饼搓成块状，小凤饼才有甘香松脆的特色，机器化生产不可能做出这种口感。手工制作耗时长而且产量少，所以，小凤饼不可能实现批量式的出产，需要限购，客人排队等上几个小时才买到几包小凤饼。照理说，在这个高速运转的现代社会里，小凤饼的竞争力是相当有限的，不过，很多客人都对它情有独钟，逢年过节，都会从全国各地专程前来购买。而成珠饼店，为了保留品牌的特色、保证品牌的质量，一直坚持使用这种传统的制作工艺。

也许，这就是老字号的魅力所在，质量至上，不忘初心。两百多年的沧桑变幻，成珠楼几度沉浮，终究还是淹没在了现代市场经济的洪流之中，永远定格在了老广州记忆的深处。成珠楼被拆后的两年，南华西街区的危破房改造项目正式展开，房子该拆的拆，住户该迁的迁。昔日富商云集，如今行人稀少，在造访成珠饼店的那个下午，只有零星的几个路人光顾饼店。在旧城改造浪潮下的小凤饼，将何去何从呢？

小凤饼